알면 보이고 보이면 돈이 되는
상권의 비밀

일러두기

• 본문에 사용한 지도 이미지는 '네이버 지도'와 '카카오맵' 지도입니다.

상권분석 전문가가 알려주는
상가 투자 절대원칙

알면 보이고 보이면 돈이 되는

상권의 비밀

이홍규 지음

강남역

새로운제안

당신이 상가 투자를 어렵다고 생각하는 이유

"상가 투자는 아무나 하는 게 아니다. 함부로 덤비지 말아라!
잘못된 분양 상가 투자로 노후가 망가진다."

"돈 날리고 싶지 않다면 절대로 상가 투자하지 말아라!
앞으로 벌고 뒤로 까지는 게 상가 투자다."

'나도 상가 투자 한번 해볼까?'라는 생각을 하다가도 상가 투자에 대한 부정적인 이야기를 떨치지 못해 결국 시작조차 못 하는 사람들이 있다. 초보자가 접근하기에 상가 투자는 어렵다고 느끼는 2가지 이유가 있다. 첫 번째는 공실에 대한 부담감, 두 번째는 상가의 가치를 비교할 수 있는 상권에 대한 이해도가 없다는 점이다. 결국 어떤 상권이 좋은지, 상권을 볼 때 무엇을 기준으로 비교·평가해야 하는지 상권에 대한 이해가 부족해 상업용 부동산 투자가 어렵게 느껴진다.

배우자를 선택할 때 외모를 중요시하는 사람이 있고, 성격 혹은 보유한 자산을 중요시하는 사람도 있다. 실거주용 아파트를 선택할 때 직장과의 거리를 중요시하는 사람이 있고, 자녀 보육 문제로 친정과 가까운 거리를 선호하는 사람도 있다. 이처럼 모든 선택에는 저마다의 기준이 있다. 기준이 있기 때문에 선택의 갈림길에서 비교하고 평가할 수 있다.

본 책을 통해 여러분에게 상권과 입지를 바라보는 기준을 알려주고자 한다. 스스로 상권분석을 하고, 지역을 이해하고, 투자 단계에서 명확한 기준으로 비교·평가할 수 있는 노하우를 알려주고 싶다.

상권을 바라보는 안목을 기르면 상가 투자뿐만 아니라 창업을 하는 데도 큰 도움이 된다. 상권을 제대로 이해하지 못한 채 투자를 한다는 것은 눈을 가린 채 과녁을 향해 활시위를 당기는 것과 같다.

상권분석은 어려워서 못 하는 게 아니라 제대로 된 기준을 몰라서 못 하는 것이다. 제대로 된 기준만 알면 누구나 상권분석을 할 수 있다. 내가 9년간 프랜차이즈 점포 개발 업무를 하면서 익힌 상권분석 노하우를 본 책에 아낌 없이 풀었다.

알면 보이고 보이면 돈이 되는 것이 바로 상권분석이다.

2022년 7월

이홍규

좋은 상권을 찾는
상권분석의 절대기준 3가지

좋은 상권이란 무엇일까? 고객이 많이 모이는 지역이다. 고객이 많은 지역이 좋은 이유는 장사가 잘되기 때문이다. 즉, 사람이 많은 곳이 좋은 상권이다. 그럼 좋은 상권을 찾으려면 무엇을 중점적으로 살펴봐야 할까?

- 유동인구가 많아야 한다.
- 역세권이 좋다.
- 소비력이 높은 오피스상권이 좋다.
- 고정 배후 수요가 있는 항아리 상권이 좋다.
- 프랜차이즈 브랜드들이 몰려 있는 입지가 좋다.

틀린 말들은 아니다. 하지만 내가 상권분석에서 중요한 기준으로 삼는 3가지는 배후세대, 생활동선, 경쟁강도다. 배후세대는 상권에서 소비할 수 있는 사람의 수를 말한다. 생활동선은 사람들이 어떻게 출퇴근 하는지, 외식하는 장소는 어디인지, 부모가 자녀의 학원은 어디로 보내 는지, 장을 볼 때는 어느 시장을 가는지, 아플 때는 어느 병원을 가는지 등 상권 내 사람들이 어떤 동선으로 움직이는가다. 마지막으로 경쟁강 도는 지역 내 얼마나 많은 상가가 있는지, 배후세대 대비 너무 많은 상 가가 있는 것은 아닌지를 살펴보는 수요와 공급의 논리다. 이 3가지 기 준을 제대로 이해하면 직감에 의존하지 않고 제대로 된 상권분석이 가 능하다.

2장

당신이 몰랐던 상권과 입지에 관한 사실 12가지

1장

이유 없이 잘나가는 상권은 없다.
상권분석의 절대기준 3가지

배후세대는
거짓말을 하지 않는다

배후세대란 무엇일까? 배후세대는 상권에서 소비할 수 있는 사람의 수, 즉 얼마나 많은 사람들이 점포에 방문할 수 있는가를 의미한다. 점포에 도달할 수 있는 물리적 거리가 얼마인지 가늠해보고 그 범위 안의 세대수가 얼마나 되는지, 직장인이 몇 명인지 확인하는 것이다.

그런데 이 배후세대라는 것은 우리 눈에 직접적으로 보이지 않는다. 그래서 눈에 보이는 유동인구를 중요하게 생각하는 초보 투자자들은 유동인구가 많으면 좋은 상권, 적으면 나쁜 상권이라고 판단하는 실수를 범한다. 물론 눈으로 확인 가능한 유동인구도 중요하지만 더 중요한 것은 보이지 않는 이면에 있다. 눈에 보이는 것에 현혹되면 좋지 않은 입지를 좋은 입지라고 오판할 수 있다.

내가 회사에서 점포 개발에 대해 처음 배울 당시 개발 팀장님이 말씀하신 명언이 있다.

"유동량은 거짓말을 하지만 배후세대는 거짓말을 하지 않는다."

배후세대가 많다는 건 사람들이 많다는 것이고 이는 곧 임차인의 수익과 직결된다. 임차인에게 배후세대는 잠재 고객이다.

배후세대가 많다 = 잠재 고객이 많다 = 안정적 매출 발생

배후세대를 확인하는 범위는 어디까지일까? 100미터? 500미터? 2킬로미터? 기준이 있을까? 범위를 너무 좁게 잡아도 너무 넓게 잡아도 혼동이 온다. 점포 면적, 고객 동선, 대중교통 등의 환경적인 요소를 고려해 범위를 확장하고 축소하는 과정이 필요하나 도보로 무리 없이 접근할 수 있는 반경 500미터—도보 7분 내외에 접근할 수 있는 거리—를 기준으로 상권 범위(배후세대 범위)를 파악하길 추천한다.—단순히 반경 거리만으로 상권을 분석하면 발생할 수 있는 오류에 대해서는 21쪽에서 설명했다.—그리고 중요한 점은 **부동산의 관점이 아닌 소비자의 관점에서 바라봐야 한다는 것이다.**

코로나19가 몰고온 상권 변화 이해하기(feat. 배후세대)

코로나19로 인해 우리 삶에는 많은 변화가 생겼다.

- 여행을 가지 못하는 사람들
- 사라진 저녁 모임과 직장인들의 회식 문화
- 오프라인 쇼핑 비중 감소와 온라인 쇼핑 빈도 증가
- 외식 없는 삶으로 인해 간편식과 냉장·냉동 식품 판매 증가
- 배달 업종의 매출 급상승

학생들은 학교를 가지 못했고 직장인들은 집과 회사만을 오가는 등 사람들의 생활 반경이 단순해지고 좁아졌다. 그리고 이런 변화는 사람들이 가장 오랜 시간을 보내는 집과 회사를 주된 소비 공간으로 만들었다.

과거에는 소위 잘나간다는 상권은 역세권과 쇼핑·유흥 상권이었다. 이는 광역상권으로, 많은 사람들이 소비하던 상권이다. 하지만 지금은 주거와 오피스 상권으로 이동이 이뤄졌다. 사람들의 생활 패턴이 변화하면서 소비 장소도 변화한 것이다. 즉, 배후세대가 있고 없고의 차이가 살아남는 상권이냐 쇠퇴하는 상권이냐의 차이를 만들었다. 잘나가는 상권의 개념이 달라졌다.

코로나19의 백신 접종률이 높아지고 거리두기 해제로 코로나19 이전의 삶으로 돌아갈 것이라는 기대가 있지만 한 번 변화된 생활 패턴이 마치 고무줄 튕기듯이 단시간에 돌아가지는 않을 것이다.

상권분석에서 배후세대의 움직임은 상당히 중요하다. 코로나19 시기에 주거와 오피스 상권이 다른 상권에 비해 매출 하락이 크지 않았던 원인은 배후세대가 가진 힘을 보여주는 사례다.

배후세대를 파악하는 방법 2가지

① 무료 상권분석 툴 활용하기

대표적인 2가지 무료 툴이 있다. 하나는 '소상공인상권정보시스템', 다른 하나는 '엑스레이맵X-ray map'이다.

소상공인상권정보시스템[1]은 상권분석, 업종분석, 경쟁분석, 수익분석에 대한 자세한 데이터를 확인할 수 있는 툴이다. 하지만 유의미한 활용성는 없다고 생각한다. 그 이유는 178쪽에서 자세히 설명했다.

내가 가장 자주 사용하는 엑스레이맵은 소상공인상권정보시스템보다 사용이 간편하고 속도가 빠르다. 별도의 회원 가입을 할 필요 없이 본인이 지정한 범위 내 배후세대 정보를 손쉽게 확인할 수 있다.

엑스레이맵의 사용 방법은 먼저 사이트[2]에 접속해 툴(GIS 분석툴)을 다운로드한 뒤 컴퓨터에 설치한다. 다음 번 접속 시에는 해당 사이트를 통해 실행하면 된다.

1) sg.sbiz.or.kr

2) www.biz-gis.com

▶ 엑스레이맵 실행 화면

　범위를 지정하는 방법은 '다각형 그리기'와 '원 그리기' 방법이 있다. 첫 번째 방법은 먼저 왼쪽에 위치한 도구 모음에서 '다각형 그리기ⓞ' 아이콘을 클릭한다. 지도 화면에서 마우스로 원하는 범위를 지정한 뒤 마지막에 더블클릭을 한다. 그러면 지정된 지역 내 배후세대, 직장인구, 일평균 유동인구 등의 정보가 뜬다. 두 번째 방법은 마찬가지로 왼쪽에 위치한 도구 모음에서 '원 그리기ⓞ' 아이콘을 클릭한다. 지도 화면에서 마우스로 원하는 지점을 클릭하면 반경을 입력하는 창이 나타나고 숫자를 입력해 범위를 지정하면 반경 내─다각형 그리기와 동일한─정보가 나타난다.

　엑스레이맵은 빠르게 지역 내 배후세대에 대한 정보를 파악할 수 있다는 점이 소상공인상권정보시스템과 비교되는 장점이다. 내가 점포 개발 업무를 할 때도 엑스레이맵으로 후보 점포들의 상권 범위 내 배후세대 규모를 파악한 뒤 다른 상권과 비교하고 분석하는 데 활용했다.

② 현장에서 직접 확인하기

나는 2014~2019년까지 6년간 회사에서 편의점 점포 개발 업무를 담당하며 한 달에 2~3회 정도 현장에서 상권 조사를 진행했다. 당시 상권분석에 사용하던 배후세대를 파악하는 방법을 간단히 소개하겠다.

편의점 매출이 발생되기 위해서는 후보 점포들의 상권 범위 내 얼마나 많은 배후세대가 있는지 파악해야 한다.─일반적으로 편의점은 독점할 수 있는 500세대 전후의 배후세대를 가지고 있어야 최소한의 상권이 형성된다.─아파트 배후세대는 '네이버 지도'나 '카카오맵'을 통해 쉽게 파악이 가능하지만 문제는 빌라와 다세대주택의 세대수 파악이다. 빌라와 다세대주택은 수도 계량기나 전기 분전함을 확인해야 한다. 수도와 전기는 가정에서 필수로 사용하므로 이를 통해 한 건물에 몇 세대가 거주하는지 파악이 가능하다. 무식한(?) 방법이지만 이 방법으로 세대수를 확인하려면 걸어서 골목 구석구석을 다녀야 하므로 지도나 자동차를 타고 다니면 확인할 수 없는 사람들의 동선이나 지역 특징들을 살펴볼 수 있다.

배후세대는 거주민만 의미하지 않는다. 직장인들도 배후세대에 포함된다. 일반적인 주거상권에도 직장인이 아예 없는 것은 아니다. 비중이 적을 뿐이지 어느 상권이든 직장인은 존재한다. 그렇다면 현장에서 오피스 근무자 수를 확인하는 방법은 무엇일까? 이 역시 무식한 방법이지만 해당 건물의 모든 층을 직접 다녀봐야 한다. 경매 투자를 하는 사람들은 이것을 '빌딩 타기'라고 부른다.

예를 들어 지하 2층, 지상 10층짜리 지식산업센터[3]가 있다면 엘리베이터를 타고 꼭대기 층에서 지하까지 한 층씩 내려오면서 각 회사의 근무자 수를 확인한다. 내부가 잘 보이지 않는 경우도 있으므로 직장인들의 출근 시간대와 점심 시간대를 활용하면 얼마의 직장인들이 건물 안에 있는지 확인이 가능하다. 그리고 이런 빌딩 타기를 하다 보면 각 회사들이 잘 운영되는지도 어림할 수 있다. 실제로 현장을 다녀보면 간판은 달려 있는데, 운영하지 않는 회사들도 있고 의미 없는 시설이라고 생각했는데, 대기업 콜센터가 입주해있어 상당한 고객 유입이 예상되는 경우도 있다.

결국 본인의 눈으로 직접 확인하고 그 기록을 하나하나 모아가는 것이야 말로 배후세대를 제대로 조사하는 방법이다.

이 2가지 방법을 소개하면 대다수가 두 방법 중 현장에서 직접 발로 뛰며 확인하기를 기피할 가능성이 높다. 비효율적인 방법처럼 보이기 때문이다. 포털사이트나 유튜브에 검색하면 빅데이터를 활용한 상권분석 자료나 영상은 많지만 직접 조사하는 방법에 대한 내용은 찾아보기 힘들다.

그런데 배후세대를 빅데이터 자료만으로 파악하면 안 되는 중요한 이유가 있다. 바로 상권 범위의 정밀성 때문이다. 앞서 배후세대 확인 범위를 도보 7분 내외에 접근할 수 있는 반경 500미터 기준을

---

3) 제조업, 지식산업, 정보통신산업 사업장과 그 지원시설이 복합적으로 입주할 수 있는 3층 이상의 집합건축물이다.

추천했지만 반경 기준만 상권 범위로 보면 오류가 발생하는 지역도 있다. 즉, 다른 상권과 비교·평가를 위해서는 동일한 기준이 필요하므로 반경 500미터라는 기준을 적용했으나 개별적인 상권을 분석하는 데 있어 범위를 판단할 때는 이런 단순한 기준을 적용하면 정확도가 떨어진다. 따라서 현장을 방문해 실제로 어떤 사람들이 이 상가를 이용할 수 있을지, 직접 골목을 걸어보며 인근 상가들은 어떤 사람들이 이용하는지, 아침·점심·저녁 시간에 상권의 모습은 어떻게 다른지 눈으로 직접 확인하는 과정이 필요하다. 배후세대를 파악함과 동시에 이런 요소들도 함께 조사하는 것이 상권분석의 본질적인 방법이다. 답은 언제나 현장에 있음을 명심하자.

상권 범위를 반경 거리로 판단하면 안 되는 이유

- 반경 500미터 거리 = 도보 7분 내외 소요
- 마을버스 정류장의 평균 거리
- 성인이 큰 부담 없이 걸어갈 수 있는 거리

위 3가지 요소가 15쪽에서 상권 범위를 반경 500미터 기준으로 봐야 한다고 이야기한 이유다. 그렇다면 반경 500미터를 기준으로 배후세대를 파악하면 상권분석이 되는 걸까? 꼭 그렇지만은 않다. 환경적인 요소를 무시하면 요상한 상권분석이 돼버린다.

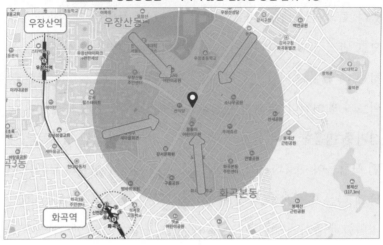

도표 1-1 생활동선을 고려하지 않은 잘못된 상권 범위 지정

'도표 1-1'의 원형처럼 특정 지점을 기준으로 반경 500미터 내 아파트 세대수를 살펴보면 약 13,000세대 규모의 배후세대를 가진 입지로 보인다. 정말 그럴까? 실제로 현장에 가보면 사람들의 생활 동선은 '도표 1-1'에 표시된 화살표대로 움직이지 않는다. 서울 지하철 5호선 우장산역과 화곡역의 영향으로 사람들은 해당 지점과 반대로 움직인다. 따라서 해당 입지의 역방향으로 생활동선이 형성 되므로 상권 범위는 훨씬 더 축소해서 살펴봐야 한다.

물론 목적성이 강한 브랜드나 배달 매장의 경우 반경 거리가 중 요할 수 있다. 하지만 일반적으로 근린상가에 입점하는 부동산, 소 규모 카페, 세탁소, 편의점, 아이스크림 할인점, 정육점 등의 상권 범위는 이야기가 다르다. 사람들의 생활동선, 지역 특징, 입지, 품목 등의 개별적인 요소를 고려해야 함에도 초보 투자자들은 반경 거리만 중요하게 생각해 이상한 분석값을 내놓는다.

반경 거리에 바탕한 지역분석 자료를 활용하는 대표적인 곳은 어디일까? 분양 광고다. 내재한 가치보다 부풀려 보이고자 반경 거리 자료로 이야기하면 상대방을 설득하기 아주 좋다. 정말 그럴싸해 보이기 때문이다.

제대로 된 상권분석을 하려면 상권 범위를 반경 거리를 기준으로 할 것이 아니라 환경적인 요소를 고려해 다각도로 분석해야 한다. 다만 조사 대상인 입지 자체가 상권의 중심이라면 반경 거리를 기준으로 상권분석을 해도 무관하다. 반경 거리 기준으로 상권분석을 할 수 있는 유일한 예외 조건이다.

상권분석에서 가장 중요한 요소이자 큰 기준은 배후세대다. 여러 지역을 비교·평가할 때 각각의 배후세대가 얼마인지 확인하면 어느 상권이 더 좋은지 판단이 가능하다. 투자하고자 하는 상가의 상권 범위가 어떻게 되는지, 해당 상권 범위 내 얼마나 많은 거주민과 직장인들이 있는지 분석하는 것이 상권분석의 기본 로직이다.

정리하기

- 유동인구는 거짓말을 하지만 배후세대는 거짓말을 하지 않는다.
- 상권 범위의 기준은 반경 거리가 아니라 실제로 상가를 이용할 수 있는 고객을 기준으로 판단해야 한다.

상권과 입지의 차이점

본 책을 읽다 보면 '상권'과 '입지'에 대한 이야기가 반복해서 나온다. 이 둘이 어떻게 다른지 간단하게 이해하고 넘어가자.

먼저 <u>상권은 하나의 지역이라고 볼 수 있다.</u> 강남역 상권, 홍대 상권, 건대 상권 등 유사한 소비 형태를 가진 지역을 가리키는 말이다. 그래서 상권분석은 '지역분석'이라고도 말할 수 있다.

<u>입지는 지역 내 하나의 점이라고 볼 수 있다.</u> 범위가 아닌 하나의 장소다. 그리고 상가의 전면 길이가 얼마인지, 층고가 너무 높거나 낮지는 않은지, 내부 구조가 비정형은 아닌지, 내부 기둥이 많아 레이아웃에 영향을 주는지 등의 세부적인 물건지의 상태를 확인하는 것을 '입지분석'이라고 한다.

상권의 중요 요소는 배후세대와 주요 시설물이고 입지의 중요 요소는 고

객의 생활동선과 해당 물건지의 접근성, 가시성, 매장 활용도다.

상권을 안다는 것은 지역을 안다는 것이다. 즉, 지역을 이해해야 보다 많은 투자 기회를 잡을 수 있다. 특정 상권을 보고 유사 상권를 떠올릴 수 있다면 그 사례를 바탕으로 투자 여부를 판단하면 된다. 상권을 아는 것만으로도 돈을 벌 수 있는 기회가 보인다. 서울 지하철 5호선 공덕역 인근이라고 다 같은 공덕역 상권이 아니고, 6호선 합정역 인근이라고 다 같은 합정역 상권이 아니다.

더불어 입지를 보는 안목도 있어야 한다. 임차인들이 선호하는 자리가 어디인지, 장사가 잘될 만한 장소를 알아보는 눈을 키워야 한다. 경기가 호황일 때는 C급 입지여도 큰 문제가 없지만 경기 불황이 시작되거나 상권에 변화가 생기면 가장 먼저 타격받는 곳이 C급 입지다. 코로나19 같은 외부적인 요인이나 지역 내 배후세대가 빠져나가는 재개발, 대형 오피스의 타 지역 이전 등의 이슈가 생기면 C급 입지부터 무너진다. 또한 같은 건물 내 상가라도 몇 층에 있는지, 복도를 끼고 있는지, 코너 자리인지, 외부로 노출되지 않은 내부 상가인지, 해당 건물에 어떤 회사들이 입주해있는지 등 다양한 입지 요건에 따라 투자 가치가 달라진다.

생활동선을 읽으면
상권의 흐름이 보인다

점포 개발을 할 때 예비 가맹점주들에게 상권을 안내하면 자주 듣는 말들이 있다.

"낮에 가보니 연령층이 너무 높아서 별로인 것 같아요."
"어두워지면 다니는 사람이 적어서 매출이 잘 안 나올 것 같아요."

대부분의 사람들이 유동인구에 집중해 상권을 평가한다. 유동인 구가 많으면 좋은 상권이라고 생각할 수 있지만 무조건 그런 것은 아니다. 눈에 보이는 유동인구보다 중요한 것이 지역 주민들의 생활동선이다.

유동인구와 생활동선은 비슷해 보이지만 분명 차이가 있다. 상권을 분석할 때는 둘의 차이점을 아는 것이 매우 중요하다. **유동인구가 상가 앞을 오가는 사람의 수, 즉 '양의 개념'이라면 생활동선은 사람들의 생활 흐름을 확인하는 '질의 개념'이다.**

주거상권을 예로 들어보겠다. 출근 시간에 직장인들이 집에서 나와 대중교통을 이용하기 위해 어디로 가는지, 학생들의 통학길은 어떻게 되는지, 주부들은 어디에서 장을 보는지, 아픈 사람들은 어디에 있는 병원을 가는지 등 배후세대가 생활 속에서 주로 활동하는 동선이 어디인지를 살펴봐야 한다. 단순히 유동인구를 파악하기보다 사람들이 어떻게 해당 지역 내에서 생활하는지 머릿속에 그려보는 것이 중요하다.

연령대별 생활동선의 큰 줄기를 나눠보면 다음과 같다.

- 10대 중·고등학생이라면 : 집 → 학교 → 학원 → 집
- 20대 대학생이라면 : 집 → 학교 → 집
- 30~50대 직장인이라면 : 집 → 회사 → 집
- 60대 이상이라면 : 집 → 거주지 인근 → 집

큰 줄기의 동선 사이사이에 쇼핑, 유흥, 여가 시간 등을 목적으로 하는 보조동선이 있다. 또한 도보로 접근할 수 있는 거리가 아니라면 지하철이나 버스 등의 대중교통이나 차량을 이용해야 하므로 상권 내 대중교통 접근성이 어떤지, 차량의 주정차가 어떻게 이뤄지

는지가 사람들의 생활동선을 만든다.

도표 1-2 2030의 생활동선

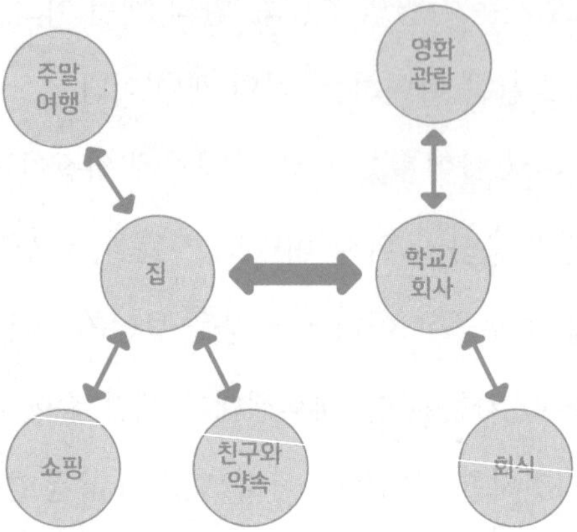

배후세대의 생활동선을 확인하는 방법

생활동선을 확인하기 위해서는 상권 내 주요 시설물이 무엇인지 파악해야 한다. 주요 시설물이란 배후세대가 상권에서 소비하는 목적물로, 상권을 활성화시키는 요소라고 생각하면 된다. 상권 내 주요 시설물이 무엇이며 어디에 있는지 파악한 뒤 이것과 대중교통이 연결되는 동선에 있는 상가에 투자하면 공실 위험이 적다. 꾸준히 고객이 유입되는 입지이기 때문이다. 주요 시설물이라 말할 수 있는 것은 다음과 같다.

• 주거 밀집 지역(2,000세대 이상), 대중교통(지하철, KTX, SRT 등), 버스터미널,

백화점, 마트, 쇼핑몰, 먹자골목, 로데오거리, 영화관, 대형 병원(300병상 이상), 대형 오피스, 대학교, 관공서(시청, 구청, 세무서, 경찰서 등) 등

실제 사례를 통해 주요 시설물에는 구체적으로 무엇이 있는지, 또 이로 인해 생활동선은 어떻게 흐를지 예상해보자.

① 서울시 강북구의 A급 유흥·역세 상권 '수유역'

서울 지하철 4호선 수유역 인근의 주요 시설물에는 무엇이 있을까? 수유역, 수유리 먹자골목, 강북구청, 강북경찰서, 롯데시네마 수유, CGV 수유 그리고 한국마사회 강북지사, 삼성화재 수유지점 등 중소형 오피스를 꼽을 수 있다.

도표 1-3 수유역 상권의 주요 시설물

이 중에서 상권에 가장 큰 영향을 주는 주요 시설물은 무엇일까? 4호선 단일역 기준 승하차 인원이 가장 많은 수유역과 7, 8번 출구 이면골목에 위치한 수유리 먹자골목이다. 그렇다면 상권 내 생활동선은 어떻게 예측할까? 주요 시설물은 고객이 해당 상권에 방문하는 목적이고 대중교통은 고객이 해당 상권에 방문하는 입구라고 생각하면 된다. 그래서 생활동선은 주요 시설물과 대중교통을 연결하는 길목에 만들어진다.

주요 시설물 = 방문 목적

대중교통 = 입구

주요 시설물의 영향도를 살펴보면 수유리 먹자골목의 영향력이 가장 크다. 따라서 '도표 1-4'에서 보듯이 사람들을 수유역 상권으로 모이게 하는 대중교통인 수유역과 중앙버스정류장에서 수유리 먹자골목으로 이어지는 길이 가장 큰 생활동선이 흐르게 됨을 예측할 수 있다.

도표 1-4 수유역 상권의 생활동선

　여기에 가상의 A, B 후보 점포를 두고 비교해보자. '도표 1-4'에서 보면 A입지는 수유역 상권이라고 볼 수 있으나 B입지는 거주민을 대상으로 영업하는 주거상권으로 봐야 한다. B입지는 주요 시설물과의 연계가 없는 입지로, 거주민의 단독 상권으로 분리해야 한다. 또한 B입지는 수유역 상권의 주요 시설물들과 이어지는 생활동선에서 벗어난 입지로, A입지가 가진 가치보다 낮게 평가된다. 즉, 상권 내 1입지가 어디인지 판단하거나 다른 입지와 비교·평가할 때는 주요 시설물과 생활동선의 교차점이 일치할수록 우세하다.

② KTX와 경의중앙선이 정차하는 주거상권 '행신역'

　행신역 상권은 전형적인 주거상권으로, 주변 아파트와 지하철 경의중앙선 행신역, CGV 고양행신을 주요 시설물로 볼 수 있다.

행신역 인근은 '도표 1-5'에서 보듯이 3개의 상업지역이 공존하는 곳이다. A상업지역의 경우 KTX와 경의중앙선 이용객이 더 많았다면 유흥과 쇼핑 업종이 밀집된 역세상권의 모습을 가질 수 있었을 것이다. 그러나 2021년 기준 KTX 행신역의 일일 평균 이용객이 약 2,500명, 경의중앙선 행신역의 일일 평균 이용객이 약 13,000명 수준으로,—경의중앙선이 서울 지하철 5호선 공덕역에 정차한 이후로 40%가량 늘어난 이용객이지만—B와 C 상업지역의 수요를 가져오기에는 무리가 있는 수치다. 또한 A상업지역은 3곳 중 집중도가 가장 좋은 상권임은 틀림없으나 생활기반시설이 B와 C 상업지역에도 위치해있어 2곳의 배후세대 수요를 전부 흡수하기는 힘들다.

도표 1-5 행신역 인근 상업지역

이 2가지가 A상업지역 인근에 KTX와 경의중앙선이 정차하는 행신

역이 있어도 사람들의 기대만큼 상권이 활성화되지 못하는 이유다.

주거상권은 지역 주민들이 이용하는 상업지역과 대중교통의 연계가 생활동선을 만든다. 행신역 상권의 경우 '도표 1-6'과 같은 생활동선 흐름을 보인다.

도표 1-6 행신역 인근 상권의 생활동선 흐름

③ 서울시 성동구와 동대문구 교차점의 주거·역세 상원 '답십리역'

서울 지하철 5호선 답십리역은 동대문구와 성동구가 만나는 곳으로, 2호선 용답역의 수요를 함께 유입시킬 수 있는 상권이다. 인근 지역의 재개발이 꾸준히 진행되면서 배후에 신축 아파트가 늘어났고 이에 따른 상권 활성화가 이뤄진 유망한 상권이다.

답십리역 상권에는 2호선 용답역과 5호선 답십리역 이외에 주요 시설물은 없다고 볼 수 있다. 그렇다면 31쪽의 행신역 상권 사례와 마찬가지로 배후세대의 주거지와 대중교통의 연결선으로 상권이 활성화된다. 참고로 2021년 기준 용답역은 일일 평균 이용객이 약 4,800명이고 답십리역은 약 26,000명 수준이다.

도표 1-7 답십리역과 용답역 상권의 생활동선

답십리역 상권의 1입지는 성동구의 용답역 배후세대와 동대문구의 답십리역 배후세대가 교차하는 곳이라고 볼 수 있다. 실제 여러 프랜차이즈 브랜드들도 2곳의 수요를 한번에 유입시킬 수 있는 지점인 답십리역사거리를 기준으로 출점을 검토한다. 주거상권의 1입지는 대중교통과 배후세대 동선이 교차하는 곳임을 잊지 말자.

④ 젊은 감성이 느껴지는 주거·대학가 복합상권 '성신여대'

성신여대 상권은 강북지역에서 서울 지하철 4호선 혜화역 상권 다음가는 대학가상권이다. 상권 내 주요 시설물로는 성신여대입구

역, 성신여자대학교, 성신여대 로데오거리, 유타몰(CGV 성신여대입구),
돈암시장, 대단지 아파트가 있다. 참고로 2021년 기준 성신여대 재
학생 수는 약 10,918명이고 우이신설선과 4호선 더블 역세권인 성
신여대입구역의 일일 평균 이용객은 약 38,900명 수준이다.

도표 1-8 성신여대 상권의 배후세대와 주요 시설물

성신여대 로데오상권은 작은 명동 분위기와 흡사하다. 옷가게,
미용실, 음식점, 카페 등이 밀집한 상권이며 2016년 사드 사태 이
전 상권 내 호텔들은 중국인 관광객을 중심으로 운영됐다. 또한 돈
암동에 위치한 대단지 아파트로 인해 주말에도 상권이 활성화될 수
있어 주 7일 상권의 성격을 가지고 있다. 한마디로 대학가와 주거
상권의 복합적인 성격을 가진 곳이다.

성신여대 상권의 주요 시설물인 성신여대입구역과 성신여대를

이어주는 로데오거리가 가장 활성화된 생활동선을 가지고 있다.

도표 1-9 성신여대 상권의 생활동선

⑤ 서울시 관악구 최고의 대학가상권 '서울대입구역'

서울 지하철 2호선 서울대입구역 상권은 학생은 물론이고 서초와 강남으로 출근하는 1인 가구가 많이 거주하는 지역이다. 대로변을 중심으로 발달되던 상권에서 저렴한 임차료가 강점인 이면골목으로 특색 있는 가게들이 모여들면서 '샤로수길'이라는 골목상권이 생기기도 했다.

서울대입구역 상권의 주요 시설물은 서울대입구역과 샤로수길, 관악구청, 인근 중소형 오피스, 역 인근 오피스텔이다. 소비력 있는 1인 가구와 넓은 범위의 빌라와 다세대주택 밀집 지역이 있어 대단지 아파트 주거상권 못지않은 배후세대를 가지고 있다. 또한 관악구청과 중소형 오피스의 직장인들, 역 인근 유흥상권에 샤로수길이라는 골목상권이 만나면서 저녁에도 사람들로 붐벼 명실상부 관악구 최고의 상권으로 꼽힌다.

도표 1-10 서울대입구역 상권의 배후세대와 주요 시설물

서울대입구역 상권의 생활동선은 어떻게 형성될까? 서울대입구역을 기준으로 북쪽과 남쪽 지역의 상권 특색이 확연히 달라진다. 북쪽에는 다세대주택과 봉천중앙시장이 위치하고 있으나 배후세대를 제외하면 별다른 주요 시설물이 없는 전형적인 주거상권의 모습이다. 반면 남쪽에는 서울대입구역에서 관악구청 사이 대로변을 중심으로 다양한 성격의 시설들이 밀집돼있어 이곳을 중심으로 상권이 활성화됐다.

도표 1-11 서울대입구역 상권의 생활동선

　이면골목의 생활동선은 주요 시설물—배후세대, 관악구청, 샤로 수길—에서 벗어난 골목의 경우 활성화율이 낮아지며 각 이면골목의 교차점을 중심으로 내부 동선이 활성화된다. 그래서 대로변에 위치하지 않는 상가의 경우 해당 상가가 대로변에서 연결되는 이면골목 교차점에 위치하느냐 위치하지 않느냐에 따라 입지적 평가가 달라진다. 이런 교차점이 있는 이면골목은 대로변의 횡단보도같이 배후세대 접근성을 높이는 오작교 역할을 한다.

　사람들의 생활동선이 주요 시설물과 대중교통의 교차점으로 만들어지는 것과 더불어 이면골목의 생활동선이 만들어지는 원리도 꼭 기억하자.

서울대입구역 상권이
2번 출구보다 3번 출구 쪽이 활성화된 이유

    서울대입구역 상권은 임차 조건이 높은 곳으로 유명하다. 10평 기준 월 임차료가 500만 원이 넘기 때문에 개인사업자가 창업하기 쉽지 않은 지역이다. 샤로수길이 성장할 수 있었던 이유도 기존의 서울대입구역 주요 상권은 개인사업자가 진입하기에 금전적 부담이 컸기 때문이다. 상권이 가지고 있는 매출 잠재력은 높으나 임차 조건이 감당하기 힘든 수준이기에 프랜차이즈 직영점 위주의 출점이 대부분이었다. 그런데 같은 대로변이지만 유독 지하철 3번 출구 쪽에 대형 프랜차이즈 브랜드들이 밀집된 모습을 볼 수 있다. 이렇게 된 이유는 필요면적과 가시성이라는 입지적 요소 때문이다.

    지하철 2번 출구 쪽은 주상복합상가로 구성돼있다. 이렇게 개별 분양된 상가는 20평 이상의 면적을 확보하기 까다로워 여러 호수를 확장해야만 필요면적을 확보할 수 있다. 또한 임차인 입장에서 호수를 확장하고자 여러 건물주와 계약하는 것은 관리 측면에서 불편한 일일 수 있다. 결국 필요면적을 확보하기 위해서는 3번 출구 쪽의 일반상가 건물이 이용하기 편리하므로 자연스레 30평 이상의 면적을 필요로 하는 브랜드들이 모이게 됐다. 그리고 몇몇 프랜차이즈 브랜드들이 모이게 되면 그 자체로 상권을 형성하기 때문에 상권 활성화도도 상승한다.

    주상복합상가의 경우 외부 사인물의 가시성이 좋지 않아 점포의 가시성 역시 낮아진다. 서울대입구역 상권처럼 활성화된 곳일수록 외부 사인물을 통해 다른 점포와의 차별성을 두는 것이 중요한데, 이런 가시성을 주상복합상가에서는 살리기가 힘들어 프랜차이즈 브랜드들이 3번 출구 쪽을 더 선호하게 됐다.

⑥ 대단지 아파트 주거상권의 정석 '길음뉴타운'

서울시 성북구의 길음뉴타운 지역은 전형적인 주거상권으로, 아파트 배후세대와 서울 지하철 4호선 길음역을 제외하고는 별다른 주요 시설물이 없다. 사람들의 생활동선은 아파트가 있는 배후지와 중앙버스정류장, 길음역 방향으로 형성된다.

도표 1-12 길음뉴타운 상권의 생활동선 흐름과 주요 시설물

길음뉴타운 상권은 입지적 요소를 살펴보기 좋은 사례로, '도표 1-13'에서 보듯이 A, B, C, D 입지를 두고 비교해보면 입지분석을 어떻게 해야 하는지 인사이트를 얻을 수 있다.

도표 1-13 길음뉴타운 상권의 생활동선에 따른 입지 비교

　A와 B 입지는 동일한 생활동선상에 위치하나 입지적 관점에서 보면 A입지가 더 많은 고객을 확보할 수 있다. 길음역 방향으로 내려올수록 동선의 집중도가 올라가고 북쪽으로 올라갈수록 거주민의 동선이 하단에 있는 단지로 분산되기 때문이다.

　C입지는 길음역 7번 출구를 이용하는 사람들의 동선에서 벗어나므로 면밀히 판단할 필요가 있다. 또한 D입지는 북쪽의 길음동 아파트 단지와 물리적 거리는 가까우나 중앙버스정류장을 기준으로 만들어진 왕복 8차선 도로가 사이에 있어 길음동 아파트 단지에서의 접근성이 떨어진다. D입지의 주요 고객은 남쪽에 위치한 돈암동 아파트 단지에서 유입된다고 볼 수 있다.

　실제로 파리바게뜨와 베스킨라빈스가 A와 D 입지에 각각 입점해있고 매출도 A입지가 높다. 즉, 더 많은 배후세대를 가지고 있는 매장의 매출이 높다.

길음뉴타운 상권은 높은 권리금이 형성된 지역이기도 하다. 가장 높은 권리금이 형성된 곳은 A입지, 다음으로 B, C, D 입지 순서로 권리금이 낮아지는 경향이 있다.

본인이 이곳에 거주한다고 가정하거나 본인의 근무지가 이곳이라고 가정하면 의외로 생활동선이 어떻게 흐를지 쉽게 보인다.

⑦ 대단지 아파트와 학원가가 결합된 주거·학원가 상권 '목동 아파트'

서울시 양천구의 목동 아파트 상권에 처음 방문하는 사람이라면 길게 이어진 일방통행 도로 때문에 길을 헤매는 경우가 종종 있다. 실제로 운전을 하다 보면 자기도 모르게 역주행하는 차량들이 간간이 보인다. 이런 일방통행 도로로 인해 양천구청과 목동 학원가 상권은 타 지역과 다른 특성을 띤다. 이것을 생활동선의 관점에서 살펴보겠다.

양천구청 상권

양천구청 주변의 신정동 학원가의 경우 목동 아파트 거주민의 생활동선이 도로가 아닌 내부 동선을 중심으로 형성돼있다. 이렇게 생활동선이 만들어진 데는 2가지 이유가 있다. 첫 번째는 5차선이 넘는 일방통행 도로로 인해 거주민으로 하여금 안쪽 골목으로 통행하는 것에 안정감을 느끼게 했기 때문이다. 두 번째는 각각의 블록을 이어주는 내부 통행로가 잘 갖춰져 있다는 점이다. 그래서 일반

적으로 대로변에 위치한 상가의 가치가 더 높지만 이곳은 대로변
상가보다 내부 상가의 가치가 더 높다.

도표 1-14 양천구청 상권의 생활동선

목동 학원가상권

목동 학원가도 신정동 학원가와 같은 이유로 내부 광장 주변으로
주요 생활동선이 형성돼있다. 이런 지역의 상권 내 1입지는 대로변
상가가 아닌 내부 동선에 위치하게 된다.

▶ 목동 학원가 모습

도표 1-15 목동 학원가상원의 생활동선

'도표 1-15'에서 보듯이 사람들이 도보로 이동할 때 대로변보다 내부 광장으로 이동하는 것이 지름길이 됐고, 내부의 이면도로를 따라 다른 블록으로 이동할 수 있게 연결돼있어 독특한 생활동선이 만들어졌다.

도표 1-16 양천구청 상권과 목동 학원가상권 생활동선의 큰 줄기

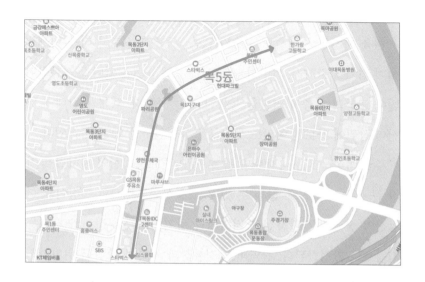

⑧ 2호선과 9호선이 만나는 교통상권 '당산역'

서울 지하철 2호선과 9호선이 만나는 당산역은 서울에서도 손꼽히는 교통상권이다.

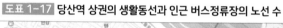
도표 1-17 당산역 상권의 생활동선과 인근 버스정류장의 노선 수

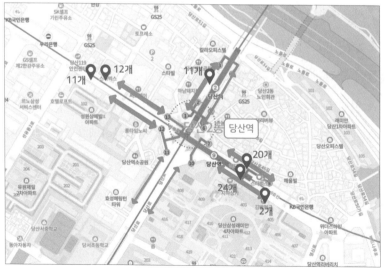

서울 지하철 중에서도 수요가 많은 2호선과 9호선 더블 역세권이며 경기도 고양시, 파주시, 김포시를 순환하는 광역버스 정류장이 많아 교통의 요충지 역할을 톡톡히 하는 곳이다. 퇴근 시간대에 당산역 상권에 가보면 여의도 못지않은 유동인구를 확인할 수 있다.

주요 시설물로는 아파트도 될 수 있으나 교통시설인 지하철을 가장 큰 주요 시설물로 꼽을 수 있다. 교통상권으로서의 특징이 강한 당산역 상권의 생활동선은 지하철과 광역버스 정류장이 연계되는 지점으로 활성화된다. 광역버스 정류장과 지하철 출입구 위치와의 연계성이 높은지 낮은지에 따라 입지적 가치가 달라진다. 이런 이유 때문에 같은 역세권에 위치한 대로변 상가라도 가치가 다른 것이다.

⑨ 서울 동쪽의 떠오르는 오피스상권 '뚝섬역'과 '성수역'

서울 지하철 2호선 뚝섬역과 성수역 상권은 서울의 대표적인 오피스상권이다. 가산디지털단지, 구로디지털단지와 더불어 중소형 기업들이 밀집된 지역이다. 성수역은 수제화거리와 소규모 공장들이 몰려 있던 곳에서 특색 있는 카페와 식당들이 많이 생기면서 주말에도 사람들이 찾는 상권이 됐다. 본인만의 독특한 아이템을 가진 창업자들이 우선적으로 고민하는 지역 중 하나다. 뚝섬역 인근으로는 재개발이 진행되면서 지식산업센터가 많이 생겼다. 10층 이상 규모의 건물들이 하나둘 생기면서 상권이 활성화되는 데 큰 영향을 줬다.

뚝섬역과 성수역의 오피스상권은 모두 많은 직장인구를 가진 상권이고 2호선을 통한 접근성이 뛰어난 지역이다. 그러나 상권의 관점에서는 뚝섬역보다 성수역 상권이 더 좋다. 왜일까? 두 상권의 생활동선을 살펴보면 답을 찾을 수 있다.

도표 1-18 뚝섬역과 성수역 상권의 생활동선 흐름과 배후세대 크기

'도표 1-18'에서 보듯이 지리적 요인으로 인해 뚝섬역보다 성수역으로 유입될 수 있는 배후세대가 더 많다. 오피스상권의 특징은 회사와 대중교통이 연계되는 지점으로 생활동선이 형성된다는 것이다. 더 빠르게 접근할 수 있는 동선을 두고 돌아가는 동선은 절대 형성되지 않는다. 본인이 출퇴근할 때를 생각하면 쉽게 이해할 수 있을 것이다. 물론 뚝섬역 상권에는 '서울숲'이라는 주요 시설물이 있으나 계절적으로 성수기와 비수기의 차이가 크고 주중과 주말의 유입력이 달라 차라리 지식산업센터가 더 많이 위치하는 것이 상권적으로 영향을 준다.

이처럼 배후세대의 생활동선을 살펴보면 상권 범위를 판단할 수 있고 다른 상권과의 비교·평가가 데이터적으로 가능하다. 더 이상 상권분석을 본인의 경험과 감각에 의존하는 우를 범하지 않길 바란다.

생활동선을 알아보는 실전 팁

버스정류장의 위치만 보면 사람들의 움직임을 파악하기 애매하다. 그래서 추가적으로 확인해야 하는 정보가 버스 노선이다. 버스 노선을 확인해야 하는 이유는 2가지다.

첫 번째는 얼마나 많은 노선이 운행되는지 알면 사람들의 동선이 어디로 모이는지 예측이 가능하기 때문이다. 예를 들어 '도표 1-19'에서 보듯이 2022년 6월 기준 경기도 파주시 동패동 버스정류장의 노선 수를 살펴보면 A정류장은 16개(일반버스 9개, 광역버스 7개), B정류장은 7개(일반버스 6개, 광역버스 1개)다. 지하철역이 없는 해당 상권의 지리적 위치상 A정류장 노선도에 더 많은 생활동선이 흐를 것임이 예상 가능하다. 대중교통 연결성이 사람들의 생활동선에 상당 부분 영향을 준다는 사실을 잊지 말자.

도표 1-19 동패동의 버스정류장

두 번째는 거주민 생활동선의 큰 줄기를 파악할 수 있다. 버스 노선도가 만들어지는 원리는 수익성이다. 최대한 많은 고객을 확보할 수 있는 길로 만들어지고 또 변경된다. 따라서 버스 노선도의 흐름을 살펴보면 거주민의 생활 반경과 동선이 어떻게 이뤄지는지 알수 있다. 단순히 버스정류장 위치만 살펴봤을 때는 알 수 없는 정보들을 확인할 수 있다.

버스 노선도는 네이버 지도나 카카오맵에서 쉽게 확인할 수 있다. 카카오맵에서 버스 노선도를 확인하는 방법을 알아보면, 먼저 카카오맵에 접속한 뒤 확인하고자 하는 지역의 지도 화면에서 버스정류장 아이콘을 클릭한다. 나타나는 창의 여러 버스 노선 중 원하는 노선을 클릭한다. 다시 나타나는 창에서 '전체노선 전체노선 ' 탭을 클릭하면 '도표 1-20'처럼 지도에 파란색 선으로 버스가 다니는 길이 표시된다.

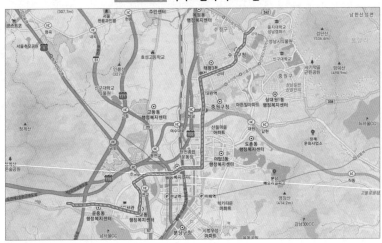

도표 1-20 카카오맵의 버스 노선도

- 유동인구는 상가 앞을 오가는 사람의 수인 '양의 개념'이고, 생활동선은 사람들의 생활 흐름을 확인하는 '질의 개념'이다.

- 상권 내 주요 시설물과 대중교통의 교차점으로 생활동선이 만들어진다. 사람들이 어떻게 상권에 유입되며 주로 어디에서 소비하는지 파악하는 것이 중요하다.

- 상권 내 유동인구가 가장 많은 곳이 좋은 입지임은 확실하다. 하지만 누가 봐도 좋은 상가는 투자 비용이 증가하기 마련이다.

절대로 잊지 말아야 할
수요와 공급의 원칙

상가 투자가 두려운 이유는 공실이 주는 공포감 때문이다. 기대했던 임대료가 들어오지 않고 대출이자와 관리비를 감당하다 보면 투자를 제대로 한 것이 맞는지 자문하게 된다. 공실이 생기는 이유에는 여러 요인이 있지만 수요와 공급의 불균형에서 오는 경우가 많다.

배후세대가 풍부하고 거주민의 생활동선과 연결되는 상가라도 상권적으로 안 좋은 경우가 있다. 경쟁강도 때문이다. 수요 대비 공급이 과도하면 임대인 입장에서는 공실이 발생할 가능성이 커지고 예상 임대료에 못 미치는 임대차계약을 할 가능성이 높다. 또한 임차인 입장에서는 저조한 매출로 인해 정상적인 운영이 어려워 폐업

할 수도 있다.

모든 것이 경쟁이다. 상가도 경쟁을 피할 수 없다. 본인 상가의 경쟁 상대는 인근 상가들이다. 배후세대가 많고 생활동선이 연결되는 입지에 상가를 가지고 있어도 향후 많은 경쟁자—신규 공급—가 늘어날 예정이라면 현재는 안정적인 수익이 발생한다 해도 시간이 얼마 남지 않았음을 직감해야 한다.

연애 서바이벌 프로그램에서 참가자들 성비가 남자 1명, 여자 10명이라면 어떨까? 무엇이든 경쟁자가 많은 것은 결코 좋은 현상이 아니다.

상가 공급이 많아 투자에 주의가 필요한 지역

신규 택지개발지구[4]가 높은 경쟁강도를 보이는 경우가 많다. 이유는 간단하다. 시행사 입장에서는 최대한 많은 상가를 만들어야 수익이 커지기 때문이다.

경기도 남양주시의 다산신도시 진건지구와 위례신도시는 배후세대 기준으로 보면 분명 좋은 상권이다. 진건지구의 배후세대가 약 13,000세대, 위례신도시의 배후세대가 약 32,700세대이니 상당한 고객층을 가지고 있는 지역임에는 틀림없다. 문제는 상가 공급량이

---

4) 안정적인 주택 공급을 위해 일정 구역을 지정해 대규모의 택지와 상업지를 개발 및 조성하는 곳이다.

다. 진건지구는 '도표 1-21'에 표시된 것처럼 상업지역 범위가 넓게 형성돼있다. 상가 공급량이 높은 수준이다. 상가 공급이 많으면 업종간 경쟁강도가 올라가기 때문에 임차인의 수익성이 악화될 수 있으며 이는 장기적으로 임차료 인하 요인이 된다.

도표 1-21 다산신도시 진건지구의 상업지역 분포

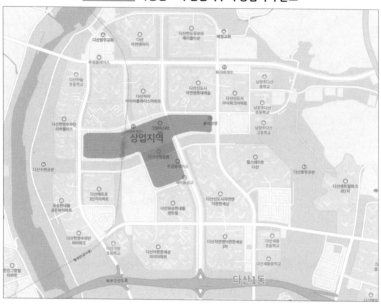

위례신도시는 3만 세대가 넘는 풍부한 배후세대를 가지고 있다. 그러나 위례중앙광장 상권, 창곡동 주거상권, 스타필드 시티 위례, 새롭게 형성되고 있는 서울 지하철 8호선 남위례역 상권까지 여러 상권에서 많은 상가 공급이 이뤄져 생활동선이 형성되지 못한 입지의 경우 매출이 저조한 상가들이 상당히 많다. 배후세대만 보고 상권을 판단하면 잘못된 투자를 할 가능성이 높다.

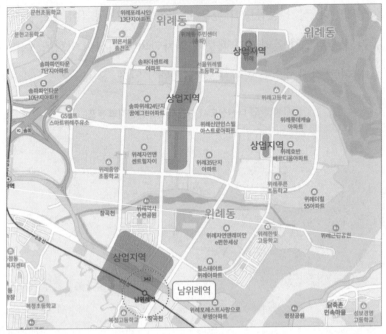

"5만 세대 독점 업무/주거 지역의 중심에 위치"

"다수의 고속도로와 국도가 교차하는 교통의 요충지"

"소비 성향 높은 3040 가족 단위 고객 중심 상권"

이런 광고는 상가를 분양하기 위한 포장이고 우리는 본질과 포장된 이야기를 구분해야 한다. 진짜 고객과 허상의 고객, 그리고 이 고객들이 본인 가게로 찾아오게 하기 위해 얼마나 많은 경쟁을 해야 하는지 제대로 이해해야 한다. 상가 공급이 많아 활성화되기 힘든 상권에 대해 예시를 통해 살펴보자.

① 김포 라베니체

경기도 김포시 장기동에는 '라베니체'라는 수변상권이 있다. 이런 상권은 어떻게 분석해야 할까? 수변공원시설은 지역 주민들이 여가 시간을 보낼 수 있는 핫플레이스가 될 수 있다. 다만 문제는 주거 환경이 좋은 것이지 상권의 기능적인 측면에서는 단점이 많다. 살기 좋은 곳이 장사하기에도 무조건 좋은 곳은 아니다.

▶ 김포 라베니체 모습

'도표 1-23'에서 보듯이 라베니체는 지하철 김포골드라인의 장기역을 중심으로 이미 대중교통과 기존 편의시설들이 집중돼있어 수변상권과 거리가 가까워도 인근 배후세대 유입률이 떨어졌다. 사람이 찾지 않는다는 것은 임차인의 낮은 매출의 원인이 됐고 공급이 많은 지역의 상가가 비어있게 되면서 장기적인 공실 사태를 유발했다.

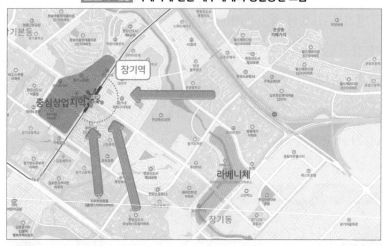

도표 1-23 라베니체 인근 배후세대의 생활동선 흐름

투자자 입장에서 보면 라베니체는 귀가 솔깃할 만한 요소들을 가지고 있었다. 유럽형 수변테마상가, 최초 1년 무상 렌트프리(208쪽 참조) 제공, 김포시 장기동의 신축 아파트 입주, 수변상가 동쪽에 지식산업센터 신축으로 인한 직장인구 유입 등이 그것이다. 실제로 많은 투자자들이 호응했고 분양도 성공리에 마쳤다. 문제는 그 이후였다. 사람들은 상권을 찾아오지 않았다. 1.5킬로미터의 수변을 따라 스트리트 상가는 형성됐지만 정작 그곳을 채워줄 고객이 없었다. 이제 막 오픈한 매장도 매출 부진에 시달렸다. 주말에는 그나마 사람들이 찾아왔지만 1주일 중 이틀 장사만으로는 버티기가 만만치 않았을 것이다. 지자체에서도 상권을 살리기 위해 노력했다. 플리마켓을 열거나 수변을 따라 보트를 탈 수 있는 어트랙션을 만들기도 했고 홍보에도 힘을 쏟았다. 하지만 눈에 띄는 큰 변화는 일어

나지 않았다.

2017년 e편한세상캐널시티 아파트가 입주하면서 변화를 기대하기도 했지만 수변을 따라 상가가 추가로 공급되는 상황에서 롯데마트(김포한강점)까지 들어오니 지역 주민들은 라베니체 상가를 이용할 이유가 없었다. 그때부터 이어진 공실 상가들,―2021년 11월 기준 수변 라인의 상가들은 어느 정도 공실이 줄었으나―특히 내부 상가는 운영되는 곳을 찾기 힘들 정도로 공실이 많은 상태다.

▶ 김포 라베니체의 공실 상가 모습

라베니체 상권이 주 7일 상권으로써 전체적인 활성화가 되기 위해서는 서쪽의 지식산업센터 밀집 지역 내 직장인구 유입이 본격적으로 시작돼야 작게나마 변화가 있을 것이다. 하지만 이것만 기대하면 안 되는 것이 지식산업센터가 들어서면 직장인구가 들어옴과 동시에 편의시설들도 같이 들어오기 때문에 배후세대가 증가했음에도 인근 상권에는 영향을 주지 않을 가능성이 있다. 즉, 직장인구의 추가 유입은 가능하나 그 영향도는 미지수다.

도표 1-24 새롭게 형성된 배후세대가 과연 라베니체 상권을 방문할까?

② 평택 소사벌 센트럴돔

도표 1-25 평택시의 주요 시설물

경기도 평택시 소사벌 상업지역에는 '센트럴돔'이라는 대형 상업

시설이 있다. 연면적 45,000제곱미터 규모로, 인근의 비전동, 죽백동, 용이동 등 약 2만여 배후세대를 가진 곳이다. 유럽형 스트리트몰 콘셉트를 내세워 많은 투자자들의 관심을 끌었던 시설이다.

그런데 건물이 준공된 지 2년이 지났지만 1층부터 3층까지 대부분의 상가가 공실 상태다. 배후세대가 풍부하고 기존에도 많은 사람들이 찾던 소사벌 상권의 코너 자리가 도대체 왜 이렇게 됐을까? 센트럴돔의 어려운 상황은 이미 예견된 미래였다. 상가의 가치를 제대로 형성하지 못한 데는 몇 가지 이유가 있다.

▶ 평택 소사벌 센트럴돔의 공실 상가 모습

첫 번째 이유는 과도한 상가 공급이다. 센트럴돔의 전체 상가 수는 400여 개다. 스타필드 코엑스몰의 입점 브랜드 수가 300여 개이고 스타필드 고양점의 입점 브랜드 수가 400여 개인 점을 감안하면 센트럴돔의 상가 공급량은 상당히 높은 수준이다. 대부분의 프랜차이즈 브랜드들은 이미 소사벌 상업지역 내 입점한 상태였고 신축 건물의 상가는 구축 상가 대비 높은 임차 조건을 가질 수밖에 없다. 따라서 신규 임차인이 접근하기에는 비용적인 문제도 발생했을 것이다.

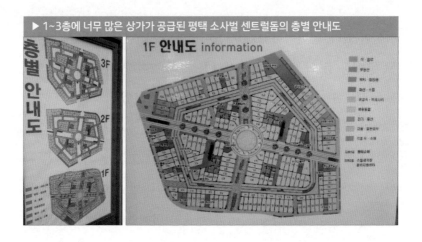

▶ 1~3층에 너무 많은 상가가 공급된 평택 소사벌 센트럴돔의 층별 안내도

두 번째 이유는 구조의 복잡함으로 인해 동선이 형성되지 못했다. 쇼핑몰이 제대로 된 기능을 하려면 몰링[5]이 이뤄져야 한다. 고객이 건물에 들어와서 나가기까지 모든 과정이 계획돼야 하는데, 이런 개별 분양 상가의 경우 백화점이나 스타필드같이 제대로 된 MD 구성[6]이 불가능하기 때문에 상가가 가지는 고객 유인력이 떨어진다. 즉, 테마를 가지고 건축됐을지 몰라도 이것만으로 사람들을 불러 모으기에는 무리가 있다. 개별 분양 상가가 너무 많으면 MD 구성에 문제가 생기므로 투자에 주의가 필요하다. 절대로 분양사의 기대대로 업종이 배치되지 않는다. 중구난방으로 상가가 입점되면 결국 쇼핑몰의 몰링이 불가능해지고 목적성이 강한 브랜드가

---

5) 한 공간에서 오랜 시간 머물며 식사, 게임, 영화 등 다양한 문화 체험을 동시에 즐기는 소비 형태다.

6) 본 책에서 말하는 'MD(Marchandising) 구성'이란 쇼핑몰을 식음, 쇼핑, 교육 등으로 테마를 나누어 각 매장들을 조합해 상권을 활성화시키는 것을 의미한다.

아니면 살아남을 수 없는 몰이 돼버린다.

③ 일산호수공원 가로수길

도표 1-26 일산호수공원 가로수길 상권의 위치

경기도 고양시 일산호수공원에는 '가로수길'이라는 테마 상가가 있다. 이곳은 서울 지하철 3호선 주엽역, 일산호수공원, 아쿠아플라넷, 원마운트 등의 주요 시설물과 풍부한 배후세대를 가지고 있는 상권임은 틀림없다. 그럼 현장 분위기는 어떨까? 대부분의 상가가 공실 상태이며 몇몇 브랜드를 제외하고는 정상적인 영업이 힘들어 보인다. 노후 대비를 위해 상가를 분양받았지만 공실 기간이 길어져 기대했던 수익이 발생하지 않는 임대인이 많다는 것이다.

▶ 일산호수공원 가로수길의 공실 상가 모습

그런데 의문이 생기는 부분이 있다. 먼 거리에 있는 고객을 유입시킬 수 있는 일산호수공원과 아쿠아플라넷이 바로 옆에 붙어있고 주엽역 주변 대단지 아파트 배후세대를 가지고 있음에도 상가 투자에 있어 왜 이런 최악의 상황이 벌어졌을까? 크게 2가지 이유를 꼽을 수 있다.

첫 번째 이유는 상가 경쟁력 부재와 수요 부족이다. 가로수길 상권은 상가 공급이 많았을 뿐만 아니라 인근 상권과의 경쟁에서 특별한 우위를 차지하지 못했다. 가로수길 상권과 50미터 정도 떨어져 있는 원마운트 역시 공실 이슈가 있는 상황이다. 하지만 가로수길과 다르게 워터파크와 눈썰매장이라는 독보적인 콘텐츠를 가지고 있었고 프랜차이즈 브랜드들이 원마운트 상권의 중심을 어느 정도 잡아줄 수 있었다. 또한 원마운트에는 상가운영관리단이 있어 MD 구성이나 건물 관리 등을 할 수 있었지만 가로수길 상권은 개별 분양 상가이기 때문에 이런 관리가 애초에 불가능했다. 이처럼 바로 옆에 위치한 원마운트보다 나은 경쟁 우위가 없었기 때문에 한두 번의 고객 방문이 이어지더라도 이것이 지속적인 방문으로 연결되기 어려웠다. 그리고 가로수길 상권처럼 1층과 2층으로만 구성된 스트리트형 상가는 카페, 음식점, 의류, 잡화 등의 업종이 대부분을 차지한다. 결국 유사한 업종들이 상권에 모이게 되고 경쟁강도가 의도치 않게 올라가 임차인의 수익이 악화된다.

두 번째 이유는 일산호수공원의 계절적 편차다. 일산호수공원은 많은 사람들에게 사랑받는 장소다. 특히 성수기인 봄과 가을에는 산책을 하거나 소풍을 나온 사람들로 공원이 가득 메워진다. 반면 날씨가 추운 겨울과 무더운 한여름에는 사람들이 방문하지 않는 장소이기도 하다. 또한 공원은 주중과 주말의 방문객 수 차이가 크기 때문에 상시 방문객 수가 의외로 적은 경우가 많다.

정리하기

- 과도한 상가 공급은 공실의 주요 원인이 된다.
- 공실이 많다 → 상권 비활성화 → 임차인 수익 악화 → 임차 조건 인하 → 임대인 수익 감소
- 관리단의 주도하에 상가 MD 구성이 안 되는 개별 분양 상가는 상권이 활성화되기 힘들다.

경리단길 상권과 익선동 골목상권의 가장 큰 차이점

서울시 용산구 이태원동의 경리단길 상권이 영광의 시절을 뒤로 하고 공실로 인해 골머리를 썩고 있다. 2014~2015년만 해도 경리 단길이 가지고 있는 그 특별한 느낌에 끌려 2030의 유입이 많았고 경리단길에서만 볼 수 있는 소위 '힙한' 가게들이 많았다. 젊은 사람 들이 상권으로 몰려드니 프랜차이즈 브랜드들도 하나둘 생겨났고 당시 서울에서 가장 핫한 상권이 됐다.

하지만 곰곰이 생각해보면 당시에도 이미 이전같지 않은 경리단 길의 변화가 보였다. 경리단길 초입에서 터줏대감 역할을 하던 카 페 '녹사'도 빠져나가고 점심과 저녁으로 사람들이 몰리던 식당들 도 매물로 나온 곳이 상당히 많았다. 당시 경리단길 초입에 위치한 상가들의 권리금 시세가 8,000~1억 5,000만 원이었고 용산제1재래시장 인근 대로변 상가들은 5,000~7,000만 원 정도였다. 그리고 어느 시점을 넘어가자 거래가 잘 이뤄지지 않기 시작했다.

"젠트리피케이션[7]으로 골목의 매력을 잃었다."
"건물주의 지나친 욕심으로 임대료가 상승했다."

경리단길 상권이 몰락한 이유를 이렇게 말하는 사람들도 있다. 상권의 본질이 무엇인지 한번 생각해보자. **내가 생각하는 상권의 본질은 바로 '사람'이다.** 얼마나 많은 사람들이 그 상권을 방문하느냐에 따라 상권의 크기가 달라진다. **그래서 상권과 입지 분석을 할 때 가장 중요한 것이 '배후세대'다.** 경리단길 상권의 가장 큰 문제는 배후세대가 턱없이 적은 것이었다. 외부에서 유입되는 고객들로 유지되는 상권이기에 사람들이 경리단길 상권을 찾아오지 않을 이유가 생기면 이전 같은 힘을 유지하기 어려운 상권이었다.

---

7) 낙후된 구도심이 활성화되면서 투자 가치가 상승하고 이에 따른 임차료의 상승으로 기존 구도심의 원주민들이 내몰리는 현상이다.

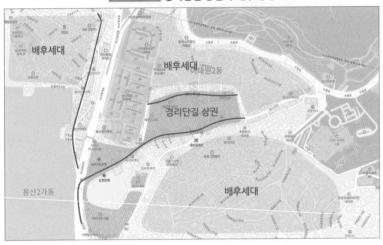

도표 1-27 경리단길 상권과 배후세대

 또한 경리단길 상권이 전국적으로 유명세를 타면서 특색 있는 작은 가게 위주로 운영되던 상권에 과도하게 많은 경쟁자들이 생겼다. 식당, 카페, 주점 가릴 것 없이 골목 초입에서 시작해 가파른 언덕 그리고 이면골목의 안쪽까지 앞다퉈 개업을 하고 임차료 시세도 고공 행진을 했다. 방송에 노출되는 빈도도 늘어나 한 번 방문한 사람들의 입소문에 입소문을 타고 상권의 유명세는 갈수록 커졌다. 더불어 소비력 있는 2030의 유입이 커지면서 수익성이 있다고 판단한 프랜차이즈 브랜드들도 하나둘 상권에 진입하기 시작했다.

 평일에는 고정 배후세대 수요가 적어 매출이 낮고 금요일과 주말에 매출이 집중되는 상권에 경쟁자가 늘어나기 시작했고 임대인은 몰려오는 사람들을 보며 본인 상가의 가치를 고평가해 임대료를 지속적으로 올렸다. 남들이 볼 때는 큰돈을 버는 것처럼 보이던 가게

주인들은 정작 제대로 된 수익을 가져가지 못하고 점포를 하나둘 매물로 내놓았다.

그런데 문제는 기존 가게들의 수익이 제대로 발생하지 않는 상황임에도 불구하고 새로운 가게들이 계속 생겨났다는 것이다. 상권에 대한 이해 없이 유명세와 본인이 느꼈던 분위기를 기준으로 투자 여부를 결정했기 때문이다.

2022년 현재 경리단길 상권에 가보면 많은 것이 달라져 있다. 프랜차이즈 브랜드들의 초기 테스트 시장이었던 초입의 상가들은 대부분 공실 상태이며 골목을 가득 메웠던 트렌디한 가게들도 좀처럼 보이지 않는다.

경리단길 상권에 충분한 배후세대 수요가 있었다면?

경리단길 상권에 충분한 배후세대가 있어 기본 수요층이 있었다면 지금도 사람들이 자주 찾는 상권으로 남아있었을 거라고 생각한다. 만약 경리단길 배후나 멀지 않은 거리에 대단지 아파트 또는 대형 오피스 건물이 있었다면 어땠을까? 평일 오후에도 거주민이나 직장인들로 인한 상권 활성화가 가능하고 늘어나는 상가 공급을 감당할 충분한 고객층이 확보됐을 것이다. 그래서 지금도 많은 사람들에게 사랑받는 상권으로 남아있었을 것이다.

배후세대가 가지고 있는 힘은 강력하다. 충분한 배후세대가 있느냐 없느냐에 따라 임차인의 수익성이 판가름 나고 투자자에게는 안정적인 임대 수익을 안겨줄 수 있다.

경리단길 상권 vs 익선동 골목상권

경리단길 상권과 비교하며 서울시 종로구 익선동의 골목상권 역시 시간이 지나면 결국 현재의 매력을 잃을 거라고 말하는 사람들이 있다. 하지만 나는 익선동 골목상권은 절대 경리단길 상권 같은 사례가 되지 않을 거라고 장담한다. 그 이유는 '도표 1-28'에서 찾을 수 있다. 익선동 골목상권은 서울 지하철 1호선 종각역 이용객과 청계천 변에 위치한 오피스 직장인들의 유입이 가능하며 1, 3, 5호선이 만나는 종로3가역에서의 접근이 용이해 상권이 크게 확장될 수 있다.

도표 1-28 익선동 상권의 생활동선 흐름

인근에 상권을 유지할 수 있는 기본 배후세대 수요가 있으면서 외부 고객의 유입이 용이하다는 것은 상권이 가지고 있는 유지력이 강하다고 표현할 수 있다. 코로나19로 일부 정체가 있긴 했으나 평일 낮에도 2030의 방문이 많은 곳이며 퇴근 시간대 이후에는 인근 직장인들이 유입되는 곳이다.

충분한 배후세대를 가졌느냐 가지지 못했느냐에 따라 상권의 흥망성쇠가 결정된다. 오래 살아남는 상권들의 특징을 알면 상가 투자나 창업을 할 때 어디를 선택해야 할지 기준을 정할 수 있다.

정리하기

- 상권의 본질은 결국 사람이다.
- 오래 살아남는 상권의 공통점은 고정 배후세대가 많다는 것이다.

광교신도시에
공실이 넘쳐나는 이유

 아파트와 아파트 단지 내 상가의 가치를 동일시하는 실수를 절대 범하면 안 된다. 주택과 상가는 엄연히 다르다. 일반적으로 좋은 아파트라 하면 편리한 대중교통 접근성, 좋은 학군, 초등학교와 중학교가 인근에 있는 단지, 기피시설이 없는 지역, 공원이 가까운 곳 등을 들 수 있다. 그런데 이 요소들을 상가에도 적용할 수 있을까?

 상가 인근에 초등학교와 중학교 같은 교육시설이 있으면 장점보다 오히려 단점이 많다. 학교가 들어설 만한 넓은 토지에는 아파트나 빌라 같은 배후세대가 들어와 상권의 수요를 키워주는 것이 더좋다. 인근에 있는 교육시설로 인해 학생들의 동선상에 상가가 위치하는 것은 장점이다. 하지만 상가 바로 옆에 교육시설이 있는 것은 오히려 고객의 동선을 차단하고 학교정화구역[8]으로 인해 입점 가능한 업종이 제한되므로 상가의 가치를 저해한다.

또한 거주민의 관점에서 기피시설이라 할 수 있는 유흥시설이나 공장들은 상가 투자자 관점에서는 상권의 범위를 확장할 수 있는 긍정적인 요소를 가지고 있다.

애초에 주택과 상가의 개념이 다르기 때문에 아파트 매매가가 높다 한들 이것이 상가 매매가와 임차료가 높아야 하는 이유가 되지는 않는다. 좋은 상가의 본질은 얼마나 많은 고객이 주변에 있느냐다. 그리고 상가 공급량이 상권의 수요에 맞게 적절한가를 우선시해야 한다.

2년 전 경기도 수원시 영통구의 광교중흥에스클래스 아파트에 임장을 다녀온 적이 있다. 광교중흥에스클래스는 단지 앞에 광교호수공원이 있고 길 하나만 건너면 갤러리아백화점 광교점이 있으며 신분당선 광교중앙역까지 도보로 10분 안팎이라 강남 접근성이 우수한 곳이다. 살기 좋고 누구나 살고 싶어할 만한 아파트라는 말이다. 이런 가치에 걸맞게 2021년 8월 기준 34평형 매매가가 약 15억 원이었다. 그렇다면 이토록 좋은 입지에 위치한 광교중흥에스클래스의 단지 내 상가는 그에 걸맞는 가치를 가지고 있을까?

'어뮤즈 스퀘어'는 광교중흥에스클래스 단지 내 상가다. 2019년 5월 준공됐으나 아직까지도 일부 상가를 제외하고는 제대로 운영

....

8) 교육환경 보호를 위해 학교보건위생에 지장이 있는 행위 및 시설을 제한한 지역이다.

되지 않고 있다. 활성화되기까지 시간은 너무나도 멀어 보인다.

도표 1-29 어뮤즈 스퀘어 위치

상권이 활성화되지 않은 이유는 간단하다. 500개가 넘는 상가를 개별 분양하다 보니 아파트 단지 세대수에 비해 너무 많은 상가가 공급된 것이다. 이 상가들은 아파트 단지 거주민을 대상으로 운영되기보다 외부 고객이 필수적으로 유입돼야 하는데, 500여 개의 개별 분양 상가는 과도한 공급이었다. 게다가 광교중앙역을 중심으로 이미 상권이 형성돼있었기 때문에 광교호수공원이 바로 옆에 있다는 이유 하나만으로 사람들을 상권으로 불러들이기에는 무리였다. 임장을 할 때 너무 많은 상가 공급량과 지하 2, 3층으로 이뤄진 복잡한 내부 구조에 놀랐던 기억이 있다. 그리고 때마침 지나가던 한 주민의 말이 들렸다.

"아파트 분양받을 때 상가도 받아둘걸."
"아파트 가격이 많이 올라서 상가도 받았으면 좋았을 것 같아."

대부분의 초보 투자자들이 가지고 있는 생각이다. 하지만 주택과 상가는 엄연히 다르다. 착각의 함정에 빠지지 말자.

상가 공급량 확인하기

광교중흥에스클래스의 상가 이야기를 좀 더 하자면, 현재 이곳은 상가가 과잉 공급된 상태다. 아파트 단지 세대수는 2,231세대인데, 상가 수가 500여 개 수준이다. 4세대당 1개의 상가가 있는 셈이다. 더 큰 문제는 외부에도 갤러리아백화점 광교점, 롯데아울렛 광교점, 아브뉴프랑 광교점, 광교 엘포트몰 등 경쟁 대상이 되는 상가들의 공급량이 너무나 많다. 2022년 5월 경기도청이 근처로 이전했지만 앞으로도 상가에 미치는 영향은 미비할 것으로 보인다. 또한 인근의 아파트 배후세대가 상가 공급량을 충분히 감당할 수 있다면 문제가 없겠으나 인근 아파트의 세대수는 11,000세대 수준으로, 상가 공급량에 비해 턱없이 부족한 수요다.

상가 투자를 하고자 한다면 반드시 해당 단지 내 상가를 직접 방문해보기를 추천한다. 실패에 대한 예방주사를 맞을 수 있다.

도표 1-30 광교신도시 상권의 배후세대와 주요 시설물

광교신도시는 주거용 부동산 관점에서는 좋은 지역이지만 상업용 부동산 관점에서는 반대일 수 있다. 이를 혼동하면 잘못된 상권분석이 돼버린다. 우리의 경험과 실제가 다를 수 있다는 사실이 상가 투자를 어렵게 만드는 요인 중 하나다.

2021년 12월 다시 찾아간 광교 어뮤즈 스퀘어

2019년부터 너무 많이 공급된 상가들로 인해 시간이 지나도 공실로 남아 있을 거라 예상했던 어뮤즈 스퀘어를 2021년 12월 다시 방문했다. 과연 상권은 얼마나 활성화됐을까?

2019년 여름에 방문했을 때와 달라진 점은 크게 없었다. 확실한 목적성을 가진 업종들은 어느 정도 영업이 되는 상태였지만 여전히 공실은 많았다. 지하 1층과 2층 상가들의 공실률이 높았으며 지상 1층과 2층의 상가들 중 아파트와 연결 통로에 위치한 라인에는 학원, 식당, 은행, 병원 같은 업종들이 입점돼있었다. 롯데아울렛과 갤러리아백화점 방향의 외부 상가들도 공실이 상당히 많았다. 상가 공급이 지나치게 많았던 것이 화근이 됐다.

▶ 어뮤즈 스퀘어의 공실 상가 모습

대형 규모의 상업시설은 상가 MD 구성이 중요하다. 명확한 운영 주체가 있는 현대, 신세계, 롯데 아울렛 등과 달리 개별 분양 상가는 MD 구성을 할 수 없다. 최초 기획한 쇼핑몰의 전체 구성에 맞추기보다 개별적으로 임대차계약을 진행하기 때문에 업종이 뒤죽박죽 돼버리기 일쑤다. MD 구성이 하나도 이뤄지지 않은 쇼핑몰은 전체적으로 활성화되기 힘들다. 결국 일부 우량 임차인과 계약한 점포만 살아남고 대부분의 임대인들은 버티지 못한다.

알면 보이고 보이면 돈이 되는
상권의 비밀

2장

당신이 몰랐던
상권과 입지에 관한 사실 12가지

아파트 상권에서
좋은 상가를 찾는 원칙 2가지

아파트 단지 내 상가에 투자할 때는 무엇을 중점적으로 봐야 할까? 단지 내 상가는 아파트 거주민을 대상으로 안정적인 사업 운영이 가능해 초보자도 접근하기 좋은 투자 대상이다. 그런데 단지 내 상가라고 해도 무조건 좋은 점만 있는 것은 아니다. 지금부터 이야기하는 2가지를 꼭 잊지 말고 투자 물건 탐색에 활용하길 바란다.

하나. 내부 수요와 외부 수요를 나눠서 생각하기

동일한 아파트 단지라도 거주민 전부가 유효 고객이 되는 것은 아니다. 세대수가 많은 단지는 출입구가 여러 곳으로 뚫려 있기 때문에 거주민의 동선이 분산된다. 배후세대의 생활동선상에서 벗어난 상가는 아무리 거리가 가까워도 고객이 유입되기 힘들다. 그래서 아파트를 주요 배후세대로 삼는 상권은 아파트 출입구 위치를 파악해 단지의 내부 유입 가능 세대와 외부 유입 가능 세대를 분리해 분석해야 한다.

경기도 성남시 신흥동에 위치한 산성역포레스티아 아파트 단지를 살펴보자. 약 4,000세대 규모의 대단지 아파트이고 2개의 근린상가가 있다.

도표 2-1 A상가로 향하는 사람들의 생활동선 흐름

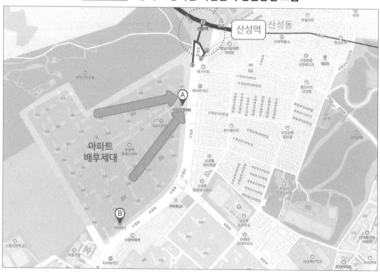

단순히 이 정보만 보고 '도표 2-1'의 A와 B 각각의 근린상가로 약 2,000세대의 사람들이 방문할 거라고 판단하면 오산이다. 본인이 거

주하는 곳에서 거리상 B상가가 가까워도 A상가 방향으로 서울 지하철 8호선 산성역이 있어 A상가로 이어지는 동선이 더 활성화된다. 따라서 B상가는 2,000세대보다 적은 사람들이 이용할 가능성이 높다. 이처럼 생활동선의 이유 때문에 B상가보다 A상가의 투자 가치가 더 높다고 볼 수 있다.

그렇다면 B상가와 비슷한 사례는 투자 대상에서 제외해야 할까? 단지의 내부 수요가 부족할지라도 외부 수요가 충분하다면 투자 대상으로 고려해볼 만하다. 2023년 10월 입주 예정인 산성역자이푸르지오 아파트의 거주민이 B상가로 유입될 가능성이 얼마나 될지 분석해봐야 한다.

도표 2-2 **산성역자이푸르지오 배후세대는 B상가로 얼마나 유입될까?**

약 4,700세대 규모의 아파트 단지가 입주한다는 것은 인근에 위치한 상가에게 큰 호재임은 틀림없다. 하지만 실제로 4,700세대가

B상가로 유입될지는 의문이다. 왜냐하면 대단지 아파트가 생긴다는 사실은 '도표 2-3'에서 보듯이 수요만 늘어나는 것이 아니라 새로운 근린상가들도 공급되기 때문이다.

도표 2-3 **산성역자이푸르지오 내 신규 근린생활시설과 예상 생활동선 흐름**

게다가 단지 후면에 위치한 공원으로 인해 남동쪽으로는 생활동선이 형성되지 않을 것이므로 4,700세대 거주민의 생활동선은 대로변 쪽으로 형성될 것이다. 하지만 문제는 4곳의 신규 근린생활시설 예정지다. 이는 4,700세대가 이용하기에 충분한 상가 공급량이므로 특별한 이유를 가진 임차인이 아니라면 굳이 왕복 4차선의 도로를 건너야 하는 B상가를 사용하지 않을 것이다. 결국 B상가는 내부 수요와 외부 수요 모든 관점에서 부족한 입지다.

둘. 아파트 출입구 위치 파악하기

아파트 단지 내 상가 상권분석의 기본은 아파트 출입구 위치를
파악하는 것이다. 세대수가 많으냐 적으냐보다 출입구 위치가 어
디 있느냐가 상권 내 1입지를 판단하는 데 더 중요한 경우가 있다.
'도표 2-4'는 목동신시가지 아파트 10단지와 서울 지하철 2호선 신
정네거리역 인근에 위치한 목동힐스테이트 아파트다. 이곳은 약
1,000세대 규모의 적지 않은 세대수이지만 아파트 출입구와 상가
가 여러 곳으로 연결돼 거주민의 생활동선이 한곳으로 모이기보다
분산되는 상권이다. 그래서 목동힐스테이트 단지 내 상가와 인근
상가는 투자 대상으로서 매력도가 떨어진다.

도표 2-4 목동힐스테이트 단지의 출입구

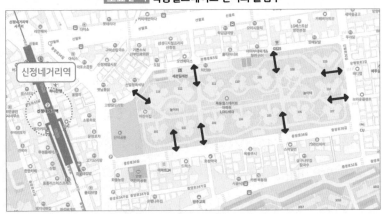

반면 서울시 동대문구 용두동의 신동아 아파트의 경우 아파트 출
입구가 2곳으로, 거주민의 생활동선이 한곳으로 집중된다. '도표

2-5'에서 보듯이 외부 수요와 만날 수 있는 아파트 단지 출입구 인근과 출입구에서 가까운 대로변 A지역이 상권 내 1입지라고 볼 수 있다. B지역은 단지의 출입구를 등지고 중앙버스정류장과의 접근성도 떨어져 아파트 단지 바로 옆에 있지만 배후세대 영향도가 떨어진다.

도표 2-5 신동아 아파트 단지의 출입구

아파트 단지의 내부 수요 이외에 외부 수요가 얼마나 되는지, 아파트 출입구 위치에 따라 거주민의 생활동선은 어떻게 움직이는지 이 2가지 원칙만 확인해도 단지 내 상가와 단지 인근의 상가 투자 시 1입지를 선별할 수 있는 인사이트를 얻을 수 있다.

정리하기

- 아파트 단지 내 상가는 내부 수요와 외부 수요를 나눠서 살펴보면 상권분석이 명확해진다.
- 아파트 출입구의 위치와 개수에 따라 거주민의 생활동선이 만들어진다.
- 물리적인 거리보다 실제 거주민의 생활동선이 어떻게 되는지 확인해야 한다.

입지에
마이너스가 되는 시설들

투자자로 하여금 입지에 도움이 된다고 착각을 일으키는 시설들에 대해 살펴보겠다. 좋은 영향을 준다고 생각했던 시설들의 실질적인 영향도를 제대로 인지하길 바란다.

학교(초등학교·중학교·고등학교)

인근에 학교가 있는 상가를 좋은 입지라고 착각하는 경우가 있다. 학생과 학부모, 교직원을 고정 배후세대로 생각한 것이다. 하지만 이런 교육시설은 상권을 활성화시키기보다 오히려 마이너스적인 요소가 되는 경우가 많다. 이는 학생들의 생활을 조금만 자세히 들여다보면 답을 찾을 수 있다.

초·중·고등학생들은 대부분의 시간을 학교에서 보낸다. 즉, 소비하는 대상이 아니다. 학생이 학교 인근 상가에서 무언가를 구매하는 시간은 하교 시간대에 한정된다. 문제는 학생들은 하교 뒤 학교 인근에 머무르지 않고 다시 집이나 학원으로 이동하기 때문에 그 한정된 시간 이외에는 상가에 아무런 수요를 가져다 주지 못한다.

'도표 2-6'에 보이는 학교와 운동장이 있는 자리에 오피스텔이 있었다면 어떨까? 아니면 오피스 건물이 있었다면? 큰 공원이 있어 사람들을 끌어들이는 공간이었다면? 결국 학교는 학교가 가지고 있는 배후세대—학생, 교직원 등—대비 너무 넓은 면적을 차지하는 시설이다. 오히려 학교가 있는 장소에 아파트나 오피스 건물이 있었다면 상권 활성화에 도움이 됐을 것이다.

도표 2-6 **학교와 운동장이 있는 자리에 아파트나 오피스 건물이 있었다면?**

초·중·고등학교가 상권에 긍정적인 영향을 줄 수 있다고 착각하는 이유는 상업용 부동산과 주거용 부동산을 동일시했기 때문이다. 주거의 관점에서 초품아(초등학교를 품은 아파트)가 가지는 가치는 크며 과거 학업성취도평가에서 높은 점수를 냈던 중학교 인근의 단지, 대학 진학률이 좋은 고등학교 인근 거주지의 가치를 으뜸으로 뽑는다. 그러나 상권의 관점에서 이런 교육시설은 전혀 다른 해석이 필요하다.

'집 → 학교 → 학원 → 집'이 일반적인 학생들의 동선이다. 즉, 학교 인근에서 학생들이 소비할 수 있는 시간은 하교 시간대 일부에 한정된다. 1,000여 명의 재학생이 있다 하더라도 매출에 큰 영향을 주지 못하는 것이다. 학원으로써 좋은 입지는 학교 인근이 아니라 주거 밀집 지역이나 대중교통 접근성이 좋은 지역이다. 반드시 교육시설 인근으로 형성되지는 않는다. 학원가로 유명한 서울의 대치동, 중계동, 목동과 경기도의 평촌동을 살펴보면 한눈에 파악할 수 있다.

또한 학교는 넓은 면적의 운동장을 가지고 있고 일반인들은 학교와 운동장에 출입할 수 없기 때문에 주변을 빙 돌아가야만 통행이 가능하다. 이는 상권 내 고객 동선을 차단하는 요소가 된다. 더불어 교육시설 인근 지역은 학교정화구역에 포함되기 때문에 업종에도 제한이 있다.

주거의 관점에서 교육시설이 인근에 위치해있는 것은 플러스적인 요소이나 상권의 관점에서는 마이너스적인 요소로 작용할 수 있다.

공원

　개인적으로 주변에 공원이 있는 주거지를 선호한다. 가볍게 산책을 하거나 간단한 운동을 즐길 수 있는 공원이 주거지 인근에 있다는 것은 삶의 질에 큰 영향을 준다. 또한 인근에 공원이 위치한 아파트는 매매가의 상승폭도 가파르다. 공원과 주거지는 사람들이 좋아하는 조합이기 때문이다. 그렇다면 상가는 어떨까? 인근에 공원이 있다면 상권에 긍정적인 영향을 줄까?

　경기도의 일산호수공원과 광교호수공원, 서울의 올림픽공원 등의 규모가 큰 공원은 사람들을 유입시키는 힘 역시 크기 때문에 상권에 긍정적인 영향을 줄 수 있다. 그러나 규모가 크지 않은 근린공원은 그다지 큰 영향을 주지 못한다. 그런데 사람들은 왜 상가 인근에 공원이 있는 것을 플러스적인 요소로 생각할까?

　본인이 공원에 방문하는 시간대를 잘 생각해보자. 사람들로 붐비는 모습을 많이 봤을 것이다. 운동하는 사람들, 가족 단위로 소풍을 즐기는 사람들 등 일반적으로 사람들이 많은 시간대에 방문하기 때문에 공원이 가진 유입력을 크게 생각한다. 그런데 시간대를 나누어 생각해보자. 오전, 오후, 밤으로 나누어 살펴보면 공원에 사람들이 몰리는 시간은 한정적이다. 오히려 공원이 있는 부지에 아파트나 빌라 같은 주거시설이 있었다면 배후세대가 늘어나고 꼬마빌딩이 있었다면 더 많은 직장인들이 있었을 것이다.

　공원이라고 무조건 좋은 것이 아니다. 사람들을 유입시킬 수 없는 공원은 상권 형성에 전혀 도움이 되지 않는다.

보행자 보호 가드레일과 주정차 단속 카메라

안전을 이유로 인도와 도로를 구분해주는 가드레일이 설치되면 차량으로 상가에 접근하기가 상당히 까다로워진다. 일반적인 식당의 매출은 매장, 포장, 배달 3가지로 구성된다. 매장 이용 고객들을 제외한 나머지 서비스를 이용하는 고객들은 차량을 이용하는 경우가 있을 수 있다. 그래서 가드레일 같은 차량 접근을 방해하는 시설물은 입지 평가에 마이너스적인 요소가 된다.

주정차 단속 카메라도 마찬가지다. 상가 앞에 잠시 정차할 수 있는 공간의 유무는 고객에게 큰 차이를 느끼게 한다. 그런데 주정차 단속 카메라는 고객의 주정차를 막는 원인이 되며 이면골목의 경우 상당한 마이너스적인 요소로 작용한다. 주정차 공간이 있어야 고객의 상가 접근성이 올라간다. 상가의 중요한 입지 요소는 가시성과 접근성 2가지이고, 주정차 공간은 접근성을 판단하는 중요한 요소임을 기억해야 한다.

하지만 대부분의 사람들은 가드레일과 주정차 단속 카메라가 상가의 입지 평가를 저해할 수 있다는 사실을 잘 모른다. 도보를 이용하는 고객에 의해서만 매출이 발생하지 않는다. 식당을 운영해보면 포장이나 배달 매출 비중이 전체 매출의 50%에 육박할 정도로 높다.

보행자 보호 가드레일과 주정차 단속 카메라 같은 시설물이 본인 상가 앞에 있다는 것은 점포 접근성에 상당한 마이너스적인 요소다. 포장과 배달 비중이 높은 업종이라면 이런 상가는 계약을 피하는 것이 좋다.

전통시장
....

다세대주택 밀집 지역 인근에는 전통시장이 위치하는 경우가 많다. 온라인으로 구매해도 새벽 배송이 가능하고 자동차를 타고 20여 분만 이동하면 어디서든 편하게 대형 마트에 갈 수 있는 요즘이지만 대부분의 전통시장은 고정적인 수요가 탄탄히 잡혀 있다. 전통시장은 지역 주민들을 모이게 하는 나름의 집객력을 가지고 있는 시설이다. 그런데 사람들을 모여들게 하는 전통시장이 왜 입지에 마이너스적인 요소일까?

전통시장은 사람들을 모이게 하는 집객력은 있지만 이는 시장의 주 통행로에 국한된다. 그래서 물건지가 전통시장의 주 통행로가 아닌 부출입구 인근이라면 그다지 좋지 못한 투자가 될 수 있다. 한 예로 '도표 2-7'의 서울시 화곡동 남부골목시장 상권은 A, B 지역 인근을 제외하고는 투자처로서 부적합한 곳으로 평가된다.

도표 2-7 남부골목시장의 차단된 고객 동선

노점상

전면에 노점상이 위치한 상가는 입지적으로 좋지 않다. 물론 배후세대가 많고 사람들의 생활동선이 연결되는 길목이라면 이런 마이너스적인 요소를 극복하고 고객 방문이 이어지기도 한다.

경기도 안산시 선부동은 노점상이 활성화된 지역이지만 배후세대가 풍부하고 지역 주민들이 대부분 해당 상업지역에서 소비하기 때문에 노점상이라는 마이너스적인 요소가 크게 문제되지 않는다.

▶ 대로변 상가 앞에 노점상이 위치한 선부동 모습(왼쪽)
▶ 대로변 상가의 가시성을 저해하는 목동사거리 노점상 모습(오른쪽)

문제는 선부동같이 상권이 활성화된 지역이 아니라면 단점이 더 클 수 있다. 이유는 2가지다.

첫 번째는 대로변에 노점상이 있으면 상가의 가시성이 떨어지기 때문이다. 고객 방문은 목적이 있는 방문과 충동구매로 인한 방문으로 나뉜다. 최소한의 가시성이 확보돼야 사람들의 자연 방문으로 인한 구매가 발생한다. 그런데 노점상으로 전면이 막힌 장소는 가시성과 접근성이 크게 떨어진다.

두 번째는 일상식(분식류) 매출에 영향을 주기 때문이다. 노점상에서 취급하는 품목은 길거리 음식이 대다수다. 길거리 음식 판매가 활성화되면 인근에 유사한 품목을 판매하는 가게가 들어서기 어렵다. 가격 차이도 있을 것이고 경쟁강도가 올라가 매출이 상가 유지 비용 이상으로 나오기 어렵다. 그래서 노점상이 활성화된 대로변 상가에는 의류나 잡화 등의 업종이 입점되는 경우가 많다.

- 학교나 공원 같은 주거 환경에 긍정적인 영향을 주는 시설이 상권의 관점에서는 마이너스적인 요소가 되기도 한다.

- 보행자 보호 가드레일과 차량의 주정차를 불가능하게 하는 단속 카메라는 대로변 상가의 접근성을 저해한다.

- 전통시장은 사람들을 모으는 집객력은 있지만 고객 동선을 차단하는 단점도 가지고 있다.

- 노점상은 상가 노출도와 전면 활용도를 저해한다. 노점상이 밀집한 대로변은 사람들의 통행을 불편하게 할 뿐만 아니라 상가 가치에도 마이너스적인 요소가 된다.

멀티플렉스 영화관이
상권에 미치는 영향

CGV, 롯데시네마, 메가박스 같은 멀티플렉스 영화관들은 사람들을 상권으로 모여들게 하는 시설임은 분명하다. 그래서 상가 투자를 하거나 창업을 앞둔 사람들에게 이런 시설들은 환영받기 마련이다. 사람들이 생각하는, 영화관이 상권에 미치는 영향은 다음과 같다.

- 멀티플렉스 영화관이 입점할 수 있는 상가는 흔치 않으므로 그 자체만으로도 큰 메리트를 가지고 있다.
- 영화관은 1년 365일 고객을 유입시키는 시너지 효과가 있다.
- 소비력 있는 2030이 방문하므로 지속적이고 안정적인 수익 창출이 가능하다.

틀린 점들은 아니다. 문제는 이런 멀티플렉스 영화관이 상권에 주는 영향이 사람들이 일반적으로 생각하는 것보다 크지 않다는 사실이다.

코로나19 발생 이후로 멀티플렉스 영화관의 신규 출점은 감소했으나 2019년만 해도 6~8개 관을 가진 중소형 규모의 멀티플렉스 영화관 출점이 많았다. 이런 중소형 규모 영화관의 연간 예상 관람객 수는 50~70만 명 수준으로, 얼핏 들으면 많은 사람들이 해당 상권을 방문한다고 생각할 수 있다. 하지만 **영화관 관람객 중 실질적으로 본인 가게에 방문할 수 있는 고객 수를 가늠해보면 생각보다 많지 않다는 사실을 깨달을 것이다.**

예를 들어 연간 60만 명의 관람객이 방문하는 영화관이라고 하면 하루 평균 1,645명의 사람들이 방문한다.—실제로는 주중과 주말의 차이가 있지만 요일과 무관하게 생각해보자.—그럼 1,645명의 사람들이 모두 본인 가게에 방문한다고 봐야 할까?

일평균 고객 수 = 60만 명 / 365일 = 1,645명

독점 영업을 하고 있다면 가능할 수도 있지만 자본주의 사회에서 완전독점은 불가능하다. 1,645명 사람들의 수요는 결국 상권 내 다른 가게들과 나누어 흡수된다.

▶ 멀티플렉스 영화관 내 상가 모습

또한 멀티플렉스 영화관이 들어서는 건물의 고층부 상가와 동일 층 상가, 바로 아래층 상가는 조심한 접근이 필요하다. 영화관에 의한 집객 이외에 고객을 끌어들일 수 있는 힘이 없기 때문이다. 영화관을 방문하는 사람이 아니고서는 해당 상가를 이용할 가능성이 적다. 서울고속버스터미널, 스타필드, 홈플러스, 이마트 같은 복합 쇼핑 공간이나 대형 마트라면 다른 이야기이지만 오로지 일반상가 건물이라면 위험한 투자가 될 수 있다. 외부 수요와 내부 수요로 나누어 생각했을 때 내부 수요—관람객—는 있으나 외부 수요가 없는 폐쇄성이 강한 상권이기 때문이다.

'도표 2-8'은 CGV 인천학익이 있는 곳의 지도다. 반경에 인하대학교와 인하공업전문대학, 대단지 아파트, 수인분당선 인하대역 등이 위치해있다. 배후세대도 많고 개발 호재—용현·학익도시개발사업—도 있어 향후 큰 변화가 있을 지역이다.

도표 2-8 CGV 인천학익 위치

그렇다면 CGV 인천학익이 위치한 건물은 좋은 입지일까? 개발
호재가 실현되기 전까지는 좋은 입지라고 볼 수 없다. 반경을 기준
으로 배후세대를 판단하면 잘못된 상권분석을 할 수 있는데, 이 건
물이 바로 그것이다. 인근에 아무런 시설이 없기 때문에 당장 이 건
물에서 소비를 할 수 있는 사람들이 부족하다. CGV 규모는 1,012석
으로, 적은 좌석 수는 아니지만 영화관을 찾는 사람들만으로는 상
권이 형성되기 부족하다. 먹거리도 페어링돼 다른 메뉴와의 조화가
중요하듯이 상권 형성도 주변 여러 시설과의 조화가 이뤄져야 한
다. 그러나 해당 입지는 페어링될 수 있는 시설이 전무한 상태다.

상권을 분석할 때는 상권에 가장 큰 영향을 주는 시설이 무엇인
지 판단하는 것이 중요하다. 앞서 설명한 것처럼 **멀티플렉스 영화관
은 투자자의 생각보다 상권에 미치는 영향이 크지 않다.** 그러나 이

런 멀티플렉스 영화관이 분양가에 미치는 영향은 실로 거대하다. 영화관이 건물 내 위치한다는 사실만으로 상가 분양 성적이 달라지는데, 그만큼 이런 물건지를 선호하는 사람들이 많음을 의미한다.

본 책을 읽은 독자들은 위험할 수 있는 투자를 되도록 피했으면 좋겠다.

정리하기

- 멀티플렉스 영화관은 상권에 긍정적인 영향을 주는 시설은 맞지만 그 영향도를 과도하게 측정해서는 안 된다. 영화관은 하나의 주요 시설물은 될 수 있으나 그것만으로 상권이 형성되기는 부족하다.
- 투자하고자 하는 지역에 멀티플렉스 영화관이 있다면 하루에 얼마의 사람들이 방문하는지 분석해봐야 한다.

쇼핑몰 입지분석의 핵심은
고객 동선에 있다

일반상가 건물이 아닌 대형 쇼핑몰의 입지분석은 어떻게 할까? 동일한 쇼핑몰 안에서도 좋은 입지와 나쁜 입지는 존재한다. 이것을 이해해야 투자처에 대해 비교와 분석을 할 때 도움을 받을 수 있다.

나는 이마트와 홈플러스 내부 매장의 점포 개발을 할 때 의외의 데이터를 발견했다. 바로 마트의 매출과 각 매장의 매출이 비례하지 않는다는 사실이다. 동일한 프랜차이즈 브랜드 A, B, C 매장이 3곳의 이마트에 각각 입점돼있다고 가정해보자. 일반적으로 A, B, C 매장의 매출 차이는 각 이마트 매출 크기에 비례한다고 생각할 것이다. 마트의 매출이 높다는 것은 고객이 많이 유입된다는 의미이고 이는 많은 사람들을 대상으로 영업이 가능하다는 것으로 해석되기 때문이다. 그런데 실제 매출의 움직임은 마트 매출과 연관성이 크지 않았다.

어떤 요소가 쇼핑몰 입지의 매출 차이를 만들까? 중요한 것은 고객 동선이 쇼핑몰 안에서 어떻게 흐르는가다. 이는 대형 마트, 백화점, 아울렛 모두에 해당되며 여기서는 모두 쇼핑몰로 표현했다.

고객은 어떤 방법으로 쇼핑몰을 방문할까? 도보와 차량 2가지로 나눌 수 있다. 도보로 방문하면 고객 동선은 '매장 출입구-쇼핑 공간', 차량을 이용하면 고객 동선은 '주차장-쇼핑 공간'으로 형성된다. 쇼핑몰 특성에 따라 도보와 차량 이용 비중은 다를 수 있지만 결국 중요한 것은 얼마나 많은 고객이 본인 가게 앞을 지나가느냐다. 즉, 총량이 중요한 게 아니라 실질적으로 본인 가게의 타깃이 될 수 있는 고객이 얼마나 되는지가 중요하다.

고객 동선이 일치되는 경우 : 이마트 다산점

이마트 다산점—2021년 4월 발생한 화재로 인해 지금은 내부 구조가 달라졌지만—은 마트의 내부 점포가 이상적으로 위치한 곳이다. 마트를 방문한 고객의 동선은 계산대에서 시작해 주차장에서 마무리된다. 그래서 계산대와 주차장으로 이어지는 동선에 위치한 내부 점포가 마트 내 1입지라고 볼 수 있다.

▶ 이마트 다산점의 계산대 모습(화재 전)

　'도표 2-9'에서 보듯이 계산대 전면에 내부 점포들이 있어 마트를 이용하고 나오는 고객 대다수의 유입이 가능하고, 계산대가 위치한 지하 1층에 식품·비식품 카테고리가 전부 배치돼 고객 집중도가 높은 매장이다.

도표 2-9 이마트 다산점 지하 1층의 레이아웃(화재 전)

이마트 다산점 지하 1층

에 스 컬 레 이 터	매장 입구	계산대(출구)	매장 입구
		내부 점포	에스컬레이터

　또한 마트를 방문한 고객이 다시 지하에 위치한 주차장으로 가기 위해서는 에스컬레이터를 이용해야 하므로 마트의 내부 점포를 반

드시 지나가야 했다. 도보로 방문한 고객도 건물 외부로 나가기 위해서는 다시 에스컬레이터를 이용해야 하므로 마트 내부 점포의 입지는 더할 나위 없는 1입지였다.

고객 동선이 분산되는 경우 : 롯데프리미엄아울렛 기흥점

롯데프리미엄아울렛 기흥점의 신규 입지에 입점 의뢰를 받은 적이 있다. 지하 1층에 위치한, 다음 사진에 보이는 ABC 마트 측면 자리로, 오픈까지 연결되지는 못했던 매장이었다. 고객의 주요 동선에서 벗어나있었기 때문이다.

▶ 롯데프리미엄아울렛 기흥점의 입점 의뢰를 받았던 매장 위치

해당 입지는 지하 1층 주차장 출입구 쪽에 위치한 곳으로, 주차장 출입구를 오가는 사람들을 대상으로 영업할 수 있는 곳이었다. 만약 기흥점의 주차장 출입구가 이곳 하나였다면 1입지로 볼 수 있다. 그러나 문제는 기흥점의 주차장은 지하 1층뿐만 아니라 지하

2층과 3층에도 있었기에 이 입지는 아울렛 내 주요 동선이 될 수 없는 태생적인 한계를 가지고 있었다. 나는 주요 동선에서 벗어난 입지는 상대적으로 저조한 매출이 발생할 가능성이 높다고 판단했고 당시 해당 입지에 점포 개설은 진행하지 않았다.

쇼핑몰 내부 공간일지라도 상권분석을 알면 1입지 여부를 판단할 수 있고 비교·평가도 가능하다. 기흥점의 해당 입지는 아직도 판매 공간으로 전환되지 못한 채 기존의 창고 형태를 유지하고 있다.

쇼핑몰의 매출과 내부 점포의 매출이 무조건 비례하는 것은 아니다
: 홈플러스 월드컵점

홈플러스 월드컵점은 과거 전국 홈플러스 매출 1위를 했을 정도로 우수한 지점이다. 이런 곳에 F&B Food and Beverage 매장을 출점한다면 어떨까? 대부분의 사람들은 마트의 매출이 우수하니 그 안에 입점된 F&B 매장의 매출도 높을 것이라고 예상한다. 하지만 마트 매출과 내부 점포 매출이 100% 비례하는 관계는 아니다. 내부의 고객 동선을 살펴봐야 한다.

마트의 매출이 높다는 것은 서울의 홍대, 강남, 압구정 상권처럼 상권이 가지고 있는 유입력이 크다는 것이다. 그리고 내부 점포는 입지의 개념처럼 위치가 주요 동선상에 있는지, 고객 동선과 역방향에 위치해있는지에 따라 유효 고객 수가 달라진다. 한마디로 마트를 방문하는 고객 동선이 어떻게 만들어지는지 살펴봐야 한다.

마트 = 상권

내부 점포 = 입지

홈플러스 월드컵점은 지하 1층에서 지상 2층으로 이뤄져 있다. 지하 1층은 주차장, 지상 1층은 식품·비식품을 판매하는 마트, 지상 2층은 의류·잡화 판매점, 푸드코트 등이 위치해있다. 그리고 메가박스 상암월드컵경기장이 홈플러스와 연결돼있다.

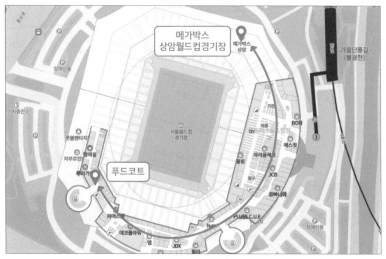

도표 2-10 홈플러스 월드컵점 지상 2층의
푸드코트와 메가박스 상암월드컵경기장 연결 통로

월드컵점은 상암월드컵경기장 내부에 위치한 지점으로, 일반적인 다른 대형 마트와는 구조가 다르다. 지상 2층은 경기장을 에워싸고 있어 고객 동선이 길게 형성된다. '도표 2-10'에서 보듯이 메가박스에서 영화를 보고 식사를 하고자 푸드코트로 가려면 마트를 가로질러 300미터 정도를 걸어가야 한다. 쇼핑몰 내 고객 동선이 불편한 상권이다.

도표 2-11 홈플러스 월드컵점 지상 1층의 에스컬레이터 위치

'도표 2-11'에서 보이는 지상 1층 에스컬레이터 주변은 계산을 마치고 나오는 고객과 마트에 들어오는 고객을 대상으로 영업이 가능한 1입지다. 하지만 지상 2층에 위치한 푸드코트는 홈플러스와 메가박스를 방문하는 고객들을 유입시키기에는 거리가 너무 멀다는 문제점이 있다. 쇼핑몰 안에서 1입지를 찾는 방법은 고객 동선에 영향을 주는 주차장, 에스컬레이터, 엘리베이터와 내부 MD 구성을 살펴봐야 한다.

고객이 쇼핑몰에 들어오는 순간부터 쇼핑을 마무리하는 순간까지 하나의 동선에 가까울수록 해당 쇼핑몰의 고객 동선 집중도가 높다. 반대로 고객이 쇼핑몰에 들어오는 동선이 여러 개이고 쇼핑을 마무리하고 나가는 동선 역시 여러 개로 나눠질수록 고객 집중도가 낮아져 각 내부 점포 유효 고객 수에 차이가 발생한다. 즉, 전체 쇼핑몰의 매출이 중요한 게 아니라 고객 동선이 얼마나 집중 또는 분산되는지에 따라 달라지는 유효 고객 수를 파악하는 것이 중요하다.

정리하기

- 쇼핑몰의 매출과 내부 점포의 매출은 비례관계가 아니다. 쇼핑몰의 절대 매출보다 중요한 것은 입지다.
- 쇼핑몰 상권분석은 고객 동선이 어떻게 형성되는지 파악하는 것이 가장 중요하다.

대학가 상권분석은
무엇이 중요할까?

대학가상권은 적게는 수천 명에서 많게는 1만 명 수준의 학생과 교직원을 기본 배후세대로 두고 소비 활동이 가장 활발한 20대를 주요 타깃으로 삼는다. 그래서 F&B, 패션, 기타 유행하는 품목 등을 판매하는 다양한 업종과 궁합이 잘 맞는 상권이다. 이런 이유로 대학가상권은 많은 사람들이 투자하고 싶어하는 곳이다. 그러나 대학가상권의 특징을 이해하지 못하면 제대로 된 상권분석을 할 수 없다.

방학 기간에 대학가상권의 매출이 감소하는 것은 누구나 예상할 수 있다. 계절학기와 외국인 학생들의 수요가 있어 방학 기간에도 매출 차이가 크지 않다고 말하는 몇몇 공인중개사들이 있는데, 학기 중과 방학 기간의 매출 차이는 피할 수 없는 사실이다.

1학기(3~6월)와 2학기(9~10월) 중 특정 기간이 매출이 가장 높은 성수기이고 여름방학(7~8월) 기간은 5월 매출에서 20% 범위의 오차가 있다. 가장 비수기는 2학기 후반과 겨울방학 기간을 합친 11~2월이다. 또한 요일에 따른 매출 추이를 보면 주중과 주말의 매출 차이가 적게는 40%에서 많게는 70%까지 발생한다. 주중보다 주말 매출이 현저히 떨어진다.

이것을 실제 일수로 환산해보자. 1년 중 토요일과 일요일의 수는 약 101일, 여름방학 44일(주중)과 겨울방학 43일(주중)까지 모두 합치면 약 188일이다. 여기에 어린이날, 추석, 개천절 등의 공휴일은 제외하고 계산해도 1년 중 비수기가 51.5%를 차지한다. 매출이 저조한 기간이 1년 중 무려 51%라는 말이다. 1년의 절반 이상의 시간 동안 평균 매출에 못 미치는 수익이 발생한다는 의미다. 임차인의 수익이 적으면 임차인이 임대인에게 지불할 수 있는 임차료 여력도 크지 않다.

대학가상권은 창업하기에 좋은 상권임은 분명하다. 하지만 계절과 요일 변화에 따른 매출 추이를 생각하지 않고 일반적인 관점에서 소비 활동이 활발한 20대의 수요가 많은 곳이라고 낙관한다면 위험도가 높다. 또한 지방에 있는 대학교같이 학기 중과 방학 기간의 학생 수에 큰 차이를 보이는 상권은 주의해서 투자해야 공실의 위험을 피할 수 있다.

대학가 상권분석 실전 노하우 ②

대학가상권에 투자하거나 창업할 때는 2가지를 유의해야 한다. 첫 번째는 앞서 설명한 계절과 요일 변화에 대한 이해다. 이에 따른 매출 추이의 변화를 제대로 인지하고 있다면 임차인의 예상 수익을 계산하는 데 도움이 될 것이다.

두 번째는 대학가상권이 대학교만으로 이루어져 있다는 편견을 버려야 한다. 대학가상권에 투자 여부를 고려할 때 대학교 자체만 보는 사람들이 있는데, 실제 대학가상권은 여러 복합적인 요소를 가지고 있다.

대학가상권의 입지는 대학교의 규모만으로 결정되지 않는다. '도표 2-12'의 2022년 기준 서울·경기 지역 일부 대학교의 재학생 수를 보면서 읽으면 이해하기 쉬울 것이다.

순위	대학교명	재학생 수	순위	대학교명	재학생 수
1	경희대학교	34,542	16	홍익대학교	17,620
2	고려대학교	27,274	17	경기대학교	16,391
3	연세대학교	27,265	18	단국대학교	16,004
4	중앙대학교	25,714	19	세종대학교	15,955
5	인하대학교	25,482	20	순천향대학교	14,075
6	성균관대학교	25,439	21	서울시립대학교	12,331
7	한국외국어대학교	23,145	22	수원대학교	12,168
8	건국대학교	22,978	23	숙명여자대학교	12,056
9	한양대학교	22,556	24	광운대학교	11,758
10	국민대학교	21,679	25	성신여자대학교	10,918
11	서울대학교	21,333	26	명지대학교	10,720
12	강원대학교	20,383	27	카톨릭대학교	9,465
13	이화여자대학교	19,359	28	상명대학교	9,127
14	숭실대학교	19,290	29	동덕여자대학교	8,098
15	동국대학교	18,822	30	덕성여자대학교	6,815

도표 2-12 서울·경기 지역 30개 대학교 재학생 수

총 재학생 수로만 보면 홍익대학교는 16위이므로 홍대 상권의 매출 잠재력 역시 16위일까? 대학가상권은 크게 2가지로 구성된다.

• 대학교의 규모 → 재학생 수

• 대학교 주변 상권(주거, 역세, 쇼핑 등)

명지대학교와 한국외국어대학교 상권을 예로 들어보겠다. '도표 2-13'과 '도표 2-14'만 봐도 대학가상권과 주거상권이 복합적으로 나타난다. 안정적인 매출을 내는 상권은 재학생 수가 많은 상권이 아니라 외부 상권의 요소가 대학교상권과 밀접하게 융화되는 상권이다.

도표 2-13 명지대학교 상권의 개요

도표 2-14 한국외국어대학교 상권의 개요

대학생만 타깃으로 삼는 상권보다 주말과 방학 기간 같은 비수기에도 거주민이나 외부 방문객 유입이 가능한 상권이 좋다.

내부 상권 + 외부 상권 = 전체 상권

추가로 상명대학교 상권의 예도 살펴보자. 단순히 총 재학생 수로만 비교하면 한국외국어대학교의 40% 수준의 상권 활성화율이 나와야 하나 실제로는 더 큰 차이가 난다. 상명대학교의 경우 외부 상권의 크기가 너무 작기 때문이다. 세검정삼거리에서 학교 정문까지 가파른 길로 돼있는 이런 상권은 외부 고객보다 재학생들의 수요를 직접적으로 흡수할 수 있는 정문 인근이 가장 좋은 입지라고 볼 수 있다.

도표 2-15 외부 상권의 크기가 작은 상명대학교

대학가상권은 내부 상권과 외부 상권 2가지로 나누어 살펴보면 상권 내 1입지가 보인다.

정리하기

- 대학가상권의 성수기와 비수기가 언제인지 생각해봐야 한다.
- 대학생과 교직원 이외에 추가 배후세대가 있는 지역인지에 따라 상권의 등급이 달라진다. 대학가상권의 내부 상권과 외부 상권에 어떤 것들이 있는지 구체적으로 살펴봐야 한다.

오피스 상권분석은
무엇이 중요할까?

    일반적으로 오피스상권은 대중교통 연계가 잘 돼있어 유동인구가 많고 대형 빌딩들이 밀집돼 직장인구가 풍부하다는 특징이 있다. 서울의 강남, 역삼, 선릉, 삼성, 여의도, 종각, 시청, 가산, 경기도의 판교 등이 대표적인 오피스상권이다. 오피스상권을 분석할 때는 어떤 점에 유의해서 살펴봐야 할까? 먼저 오피스상권의 특징 2가지를 알아보자.

    첫 번째 특징은 **오피스상권은 주 5일 상권이라는 점이다.** 주 5일 근무제가 보편화되면서 실질적으로 오피스상권에서 매출이 발생하는 날이 주말과 공휴일을 제외한 평일만 가능해졌다. 오피스상권의 단점은 주말에 유입될 수 있는 고객이 주중 대비 상당히 적다는 것이다. 오피스상권의 주중 대비 주말 매출 비중은 20~50% 정도다. 주말 영업이 의미 없는 경우가 있기 때문에 주중 매출이 얼마냐가 중요하다.

업종을 불문하고 보통 여름철이 연중 높은 매출이 발생되는 시기이나 오피스상권은 여름 휴가철에는 오히려 평소보다 매출이 떨어지기도 한다. 그만큼 인근 회사들이 운영되는 시간대에 매출이 집중됨을 알 수 있다.

주말에 서울 광화문 지역을 방문해보면 왜 오피스상권을 주 5일 상권이라고 하는지 몸소 느낄 수 있다. 청계천과 광화문을 찾는 사람들로 인해 외부 고객의 유입이 발생하기는 하나 일부 가게들을 제외하고는 큰 영향을 받지 못한다. 그래서 주말에 오피스상권을 방문하면 저렴한 금액에 주차할 수 있는 곳이 많다. 주말에도 주차 공간을 활용하고자 저렴한 가격에 주차 프로모션을 진행하는 건물들이 많기 때문이다.

두 번째 특징은 **사람들의 행동반경이 넓지 않다는 점이다.** 직장인들의 행동반경은 넓게 형성되지 않는다. 출근 시간대에는 대중교통과 회사로 이어지는 가장 가까운 거리로 동선이 형성된다.—출근하면서 회사에 가기 전 다른 장소에 들르는 사람은 많지 않을 것이다.—그리고 점심 시간은 보통 1시간에서 1시간 30분 정도로, 회사에서 먼 곳에서 점심을 해결하는 경우는 드물다. 회사에 구내식당이나 카페테리아가 있는 경우 출근에서 퇴근까지 회사 밖을 나가지 않는 경우도 있다.

오피스상권은 주거상권을 분석할 때처럼 상권 범위를 설정해버리면 너무 많은 사람들을 유효 고객으로 보는 실수를 범할 수 있다. 물리적인 거리가 가까워도 실제로는 유입되지 않는 경우가 많으니 오피스상권을 분석할 때는 인근에 위치한 건물들에 실제로 얼마나 많은 직장인들이 근무하고 있는지 면밀히 파악해야 한다. 근무자 수를 파악하는 방법은 19쪽에서 설명했다.

오피스 상권분석에서 추가로 살펴보면 좋은 것이 대형 오피스 건물의 경우 회사의 이전으로 한번에 많은 고객들이 상권에서 빠져나가는 일이 생길 수 있다. 회사의 이전 이슈가 없는지 인근에 수소문해보는 것도 좋다. 또한 신규 오피스 건물은 회사의 입주 시점이 건물의 준공 시점과 다른 경우도 많다. 그러니 건물 규모만으로 근무자 수를 파악하지 말고 현장 인터뷰나 인근의 부동산 중개 사무소를 방문해 회사의 정확한 입주 시점을 파악하는 것도 좋다.

오피스상권에는 보이지 않는 내부 상가가 생각보다 많다는 사실도 주의해야 한다.

▶ 오피스 건물의 내부 상가 모습

대형 오피스 건물 내부에는 식당, 카페, 문구점 등이 입주하는 경우가 많다. 그래서 건물 내부를 들여다보지 않으면 내부 상가에 대한 조사가 미비할 수 있다. 구내식당, 카페테리아, 지하 아케이드 등의 시설이 어떻게 구성돼있는지 반드시 파악해야 한다. 더불어 근무자들이 이런 내부 상가로 인해 외부 상권을 이용할 요인이 없는지도 확인해야 한다.

정리하기

- 오피스상권 내 직장인들의 생활동선은 회사와 대중교통 인근에서 벗어나지 않는다.
- 오피스 건물 이외에 다른 시설이 없는 주 5일 상권인지, 주말에도 사람들이 방문하는 주 7일 상권인지에 따라 상권 활성화도가 다르다.

로드사이드와 드라이브스루 상권분석은 무엇이 다를까?

먼저 로드사이드 상권과 드라이브스루 매장의 의미에 대해 간단히 정리해보자. 로드사이드 상권은 주로 외곽에 위치해 차량을 통한 고객 유입이 이뤄지는 상권을 말한다. 드라이브스루 매장은 고객이 매장에 들어가지 않고 차량에서 음식을 주문할 수 있는 매장을 말한다.

사람들에게 이런 상권을 분석하는 데 중요한 게 무엇이냐고 물어보면 대부분 차량 통행량이 많은 곳이어야 한다고 대답한다. 틀린 말은 아니지만 정답도 아니다. **차량 방문으로 매출이 발생하는 상권이기에 차량 통행량이 많은 것은 잠재 고객이 많다고 해석할 수 있지만 차량 통행량보다 중요한 것이 배후에 어떤 시설들이 있는지**

다. 여기서 말하는 시설은 주거지, 공단, 관광지 같은 사람들의 동선을 만들어낼 수 있는 모든 것이다.

로드사이드 상권과 드라이브스루 매장의 매출은 차량을 통한 매출과 배후세대 매출 2가지로 나눌 수 있다. 통행하는 차량만 유입시켜서는 큰 매출을 발생시키는 데 한계가 있다. 더 중요한 것은 배후지를 가지고 있느냐 없느냐다. 즉, 배후세대가 있어야만 안정적인 매출이 발생한다. 이런 이유 때문에 일반적으로 도심지의 드라이브스루 매장이 외곽에 위치한 매장보다 매출이 높다. 통행하는 차량의 절대적인 양을 잠재 고객으로 생각하면 당연한 이야기를 제대로 이해하지 못할 수 있다.

정리하면, 드라이브스루 상권과 로드사이드 매장도 배후세대가 중요하다. 차량 통행량이 많다고 좋은 입지가 될 수는 없다.

로드사이드 상권과 드라이브스루 매장의 중요한 입지 조건

첫 번째 입지 조건은 가시성이다. 고객이 원활하게 유입되기 위해서는 주행 중인 운전자가 멀리서도 상가의 존재를 인지할 수 있는 가시성이 중요하다. 고속도로에서도 전방 3킬로미터 앞에서부터 휴게소가 있다고 안내한다. 사람들이 휴게소가 있다는 것을 미리 인지하고 안전하게 진입하라는 것이다. 일반국도를 달리다 보면 큰 지주 간판을 도로 옆에 세워둬 멀리서도 가게의 존재를 알리는 식당들이 있다. 이 모든 것이 상가의 가시성을 높이기 위한 방법이다. 빠르면 시속 80킬로미터 이상으로 달리는 차량을 본인 가게로 들어오게 하기 위해서는 건물이나 사인물의 가시성이 중요하다.

도로에서 운전자가 최소 200미터 이상의 거리에서 상가가 있음을 인지하게 해야 한다. 곡선 주행로의 경우 위치에 따라 입지의 좋고 나쁨이 나뉘는데, '도표 2-16'의 상가는 곡선 주행로 바깥쪽에 위치해있어 가시성이 200미터 이상 확보가 가능하다.

도표 2-16 200미터 이상에서 가시성이 확보되는 상가

그러나 '도표 2-17'의 상가는 곡선 주행로 안쪽에 위치해있어 가까운 거리까지 가야만 상가의 가시성이 확보된다.

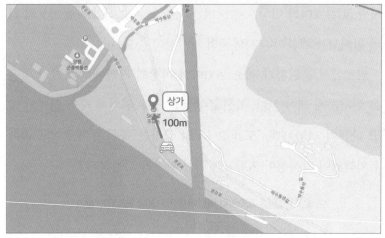

도표 2-17 100미터 이내로 접근해야 가시성이 확보되는 상가

또한 옆 건물이나 자연 구조물에 가로막히거나 도로와의 이격이 너무 큰 상가는 가까운 거리까지 접근하지 않으면 상가의 존재를 확인하기 어렵고 이는 매출에 마이너스적인 요소가 된다.

두 번째 입지 조건은 접근성이다. 차량이 원활하게 유입될 수 있도록 갖추면 좋은 시설물들을 하나씩 살펴보겠다.

① 신호등

차량이 상가로 접근하는 방향 50미터 이내에 신호등이 있으면 차량 접근성이 올라간다. 신호등이 차량의 유속을 줄여줄 수 있기 때문이다. 신호등으로 인해 자연스럽게 차량은 속도를 줄이게 되고 이는 차량이 상가로 진입하는 데 플러스적인 요소다.

② 유턴 가능 여부

유턴 가능 여부에 따라 상권의 확장성이 달라진다. 유턴이 불가능한 도로는 한 방향의 차량 흐름만 발생하지만 인근에 유턴이 가능한 신호가 있으면 양방향에서의 고객 유입이 가능하다. 이것은 일반적인 상권에서 횡단보도가 상권의 범위를 확장시키는 원리와 비슷하다.

③ 과속 방지 카메라

과속 방지 카메라는 앞서 소개한 신호등이 입지에 주는 영향처럼 차량의 유속을 줄여준다. 운전자 입장에서는 과속 방지 카메라가 불편할 수 있지만 투자자 입장에서는 긍정적으로 작용하는 시설물이다.

④ 주차장

차량의 접근으로 매출이 발생한다는 것은 차량이 주정차할 수 있는 공간이 있다는 의미다. 그래서 상가 건물의 인테리어와 아웃테리어만큼이나 충분한 주정차 공간의 유무에 따라 상가 가치가 달라진다. 만약 충분한 토지 면적을 확보하지 못했다면 필로티[9] 구조로 건축해 차량이 접근할 수 있는 장소를 반드시 제공해야 한다. 주정

....

9) 1층에는 기둥을 세우고 2층부터 공간을 만드는 건축 방식이다. 패밀리 레스토랑에서 필로티 구조를 활용한 점포 개발을 자주했었는데, 지면은 주차창으로 이용하는 게 일반적이다.

차 공간은 매출과 상당한 연관성이 있다. 부족한 주정차 공간은 고객의 접근을 힘들게 하고 상권 범위를 축소시킨다. 근교에 생기는 대형 베이커리 카페의 공통점은 충분한 주차 공간이다. 이는 먼 거리에 있는 고객도 찾아오게 하는 요인이다.

정리하기

- 로드사이드 상권과 드라이브스루 매장이라도 차량 통행량보다 인근 배후세대가 더 중요하다.
- 로드사이드 상권과 드라이브스루 매장의 중요한 입지 조건에는 2가지가 있다. 첫 번째는 가시성이고 두 번째는 접근성이다. 눈에 보이는 차량 동선보다 주변에 어떤 시설물들이 있는지가 중요하다.

2장   당신이 몰랐던 상권과 입지에 관한 사실 12가지

한 번도 가보지 않은 지역도 분석할 수 있는 마법의 도구

5분 안에 상권을 조사할 수 있는 방법이 있다. 거짓말일까? 이 짧은 시간 안에 특정 지역의 상권을 조사하는 방법은 '진짜' 존재한다. 이 방법은 여러분이 한 번도 가보지 않은 지역을 분석할 때도 활용할 수 있다. 바로 지적편집도를 활용하는 것이다.

일반지도로는 확인할 수 없는, 지적편집도에서 확인이 가능한 정보가 있다. 토지 계획이다. 모든 땅은 저마다의 용도별 계획이 있다. 상업지로 이용하는 토지, 주거지로 이용하는 토지, 공업지로 이용하는 토지 등이다. 지적편집도를 통해 이런 토지 계획을 간단히 확인할 수 있다.

지적편집도는 대부분의 사람들에게 생소할 것이다. 쉽게 말해 토지를 용도별로 구분해 여러 가지 색으로 편집한 지도가 지적편집도다. 상업지역은 붉은색, 주거지역은 노란색, 자연녹지지역은 초록색, 공업지역 파란색 등으로 구분해 색깔별로 지도에 표시한 것이다. 그리고 알아두면 좋은 것이 용도지역에 따라 용적률과 건폐율[10]이 달라진다는 사실이다. 간단히 말해 상업지역과 공업지역에는 건물을 높게 지을 수 있고 주거지역에는 상대적으로 건물을 낮게 지어야 한다.

'도표 2-18'에서 보듯이 일반지도에서는 볼 수 없는 지역의 특색을 한눈에 볼 수 있는 도구가 지적편집도다. 본인이 모르는 지역이라도 지적편집도를 보면 어디에 상업지역이 형성돼있고 주거 밀집지역은 또 어디인지 단숨에 감을 잡을 수 있다.

도표 2-18 서울시의 일반지도와 지적편집도

....

10) 용적률은 대지 면적에 대한 건물 바닥 면적 총합의 비율로, 용적률이 높을수록 건물을 더 높게 지을 수 있다. 건폐율은 대지 면적에 대한 건축 면적의 비율로, 건폐율이 높을수록 건물을 더 넓게 지을 수 있다.

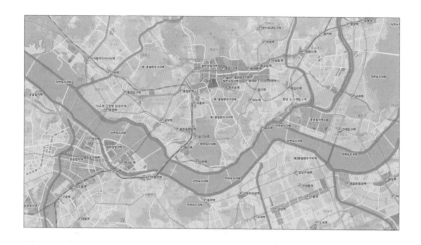

　'도표 2-19'는 서울 지하철 4호선 노원역 상권을 지적편집도를 보고 분석한 것이다. '도표 2-20'의 일반지도와 비교해보면 상가 투자 시 지적편집도를 보는 것이 왜 중요한지 알 수 있다.

도표 2-19 지적편집도로 살펴본 노원역 상권의 배후세대와 생활동선 흐름

도표 2-20 노원역 상권의 일반지도

다시 말해 지적편집도를 살펴보면 상권이 활성화될 입지가 어디인지 알 수 있으며 이를 통해 상권의 전체적인 분위기 파악이 가능하다는 점이 지적편집도의 핵심이다.

지적편집도를 보는 방법은 어렵지 않다. 네이버 지도나 카카오맵에 접속한 뒤 지도 화면에서 '지적편집도' 아이콘—네이버 지도 아이콘 ⊞, 카카오맵 아이콘 ◈ → ❖—을 클릭하면 된다. 지적편집도로 지역을 살펴보면 어떤 계획으로 토지가 이용되고 있는지 한눈에 확인할 수 있다.

'도표 2-21'은 서울시 은평구 연신내역 상권의 지적편집도다. 이것을 살펴보는 것만으로도 해당 지역에 대한 큰 그림을 그려볼 수 있다.

도표 2-21 연신내역 상권의 지적편집도

- 지하철 3호선과 6호선 연신내역 인근은 상업지역이고 나머지 지역은 주거지역이구나.

- 역 인근 상가들은 면적을 넓히고 층수를 높일 수 있고 주거지역의 건물들은 상대적으로 크기가 작겠구나.

- 상업지역에서 멀어질수록 유흥상권에서 주거상권으로 분위기 변화가 있겠구나.

'도표 2-22'와 같이 확장하여 살펴보면 다음의 부분까지도 알 수 있다.

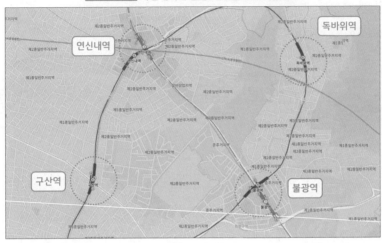

도표 2-22 역신내역과 불광역 상권의 지적편집도

- 지하철 6호선 구산역과 독바위역은 연신내역과 다르게 별도의 상업지역
  이 없으니 해당 상권이 가지고 있는 크기가 제한적이겠구나.
- 역 인근에는 준주거지역으로 돼있는데, 어떤 시설들이 있을까? → 현장
  확인 체크리스트
- 지하철 3호선과 6호선 불광역은 연신내역과 유사한 용도의 지역 성격을
  가지는데, 실제 현장은 어떨까?

　지적편집도를 활용하면 현장을 방문하기 전 투자자가 확인해야
할 사항들을 사전에 점검하고 해당 지역에 대한 이해도를 키울 수
있다.

　일반지도와 지적편집도를 함께 보는 습관을 길러보자. 일반지도
에서는 보이지 않는 정보를 지적편집도에서는 확인이 가능하다. 더

불어 이런 사전 분석을 통해 현장에 대한 질문거리를 만들어보자. 막연하게 지도만 들고 현장을 방문할 때와 다르게 해당 지역에 대한 이해도가 커질 것이다.

정리하기

- 지적편집도를 통해 토지 계획을 간단히 확인할 수 있다.
- 네이버 지도, 카카오맵의 지적편집도 기능을 활용해 본인이 잘 알고 있거나 익숙한 지역을 분석해보자.

주거용 부동산과 상업용 부동산의 차이 이해하기

투자에 앞서 주거용 부동산과 상업용 부동산의 차이를 명확히 이해해야 한다. 둘의 차이를 모르면 상가에 대한 비교·평가가 힘들고 좋지 않은 입지를 좋은 입지라고 판단할 수 있다. 잘못된 판단으로 인한 투자 결과는 결코 좋을 리 없다.

나는 9년간 점포 개발 업무를 하면서 수많은 공인중개사와 투자자들을 만났다. 그런데 놀랍게도 주거용 부동산과 상업용 부동산의 차이를 제대로 알지 못하는 경우가 꽤 많았다. 결론부터 말하면 둘의 차이점은 다음과 같다.

주거용 부동산 : 개방적 데이터, 표준화 가능

상업용 부동산 : 폐쇄적 데이터, 개별성 강함

예를 통해 주거용 부동산부터 살펴보자.

도표 2-23 주거용 부동산인 A와 B의 시세 차이는?

질문 ① : A와 B의 시세는 얼마나 차이가 날까?

'도표 2-23'은 서울시 양천구의 목동힐스테이트 아파트다. 112동 (A)과 110동(B)의 시세 차이는 얼마일까? 당연히 동일 단지이기 때문에 시세 차이가 크지는 않다. 다만 평형이나 층수, 내부 인테리어 상태, 전망, 전세가율 등의 개별적 상태에 따라 차이가 발생할 뿐이다.

질문 ② : 매매가와 임차 시세를 정확하게 확인이 가능한가?

주거용 부동산은 데이터에 기반한 정확한 정보를 확인할 수 있다. 등기부등본을 통해 과거 실거래가 확인이 가능하며 '네이버 부동산', 'KB부동산', '밸류맵' 등의 여러 사이트에서 아파트에 대한 데이터를 어렵지 않게 확인하고 분석할 수 있다. 또한 아직 거래되지 않은 아파트의 매매가와 임차 시세도 해당 지역의 부동산 중개 사무소 5곳 정도를 방문해 이야기를 나눠보면 조사 시점의 아파트 단지에 대한 정보를 대부분 확인할 수 있다. 중개사는 아파트에 대한 정보를 단독으로 갖고 있지 않다. 빠른 거래 성사를 위해 다른 중개사들과 협업해 부동산 정보와 투자자—또는 실거주자—정보를 공유한다.

위 2가지 질문에서 살펴봤듯이 주거용 부동산의 데이터는 개방적이고 표준화할 수 있다. 하지만 상업용 부동산은 정반대다. 주거용 부동산에서 했던 질문을 그대로 해보겠다.

도표 2-24 상업용 부동산인 A와 B의 시체 차이는?

질문 ① : A와 B의 시세는 얼마나 차이가 날까?

주거용 부동산과 마찬가지로 상업용 부동산도 2006년 6월 1일 이후에 거래된 건은 등기부등본을 통해 과거 실거래가 확인이 가능하다. 하지만 상업용 부동산은 주거용 부동산과 다르게 입지 요건—차량 접근성, 대중교통 연계성, 전면 길이, 면적, 층수, 기존 임차인 등—에 따라 개별성이 강하다. 즉, 가까운 거리에 있는 두 상가라도 매매가 차이가 클 수 있다. 동일 단지의 아파트 매매가가 시세에서 크게 벗어나지 않는 것과 다른 점이다. '도표 2-24'에서 보듯이 서울 지하철 2호선과 3호선이 만나는 같은 교대역 상권이라도 A와 B의 가치는 동일하지 않다.

질문 ② : 매매가와 임차 시세를 정확하게 확인이 가능한가?

점포 자리를 찾고 있는 투자자가 해당 지역 내 중개 사무소를 방문해 A상가의 매매가와 임차 조건을 물었을 때 과연 정확한 답변을 들을 수 있을까? 이전 거래를 직접 진행했던 중개사가 아니고서는 대부분 제대로 알지 못한다.

이처럼 상업용 부동산의 데이터는 폐쇄적이고 개별성이 강하다. 이런 특성 때문에 입지적 요건과 지형적 요건에 따른 가치 차이가 클 수 있다. 상가는 주택과 달리 동일한 아파트 단지나 지하철역을 배후세대로 둔 상권이라도 입지에 따라 좋은 상가와 나쁜 상가가 구별된다.

일반적으로 상가의 매매가나 임차 조건 등의 정보는 중개사를 통해 얻는다. 여기서 주거용 부동산과 상업용 부동산을 대하는 중개사의 접근 방식이 다름을 이해하면 투자 물건을 찾는 데 도움이 될 것이다. 주거용 부동산은 한 지역 내 개별 부동산들의 가치가 표준적이므로 정보 접근이 용이하고 정보 공유 역시 중개사들 사이에서 쉽게 이뤄진다. 반면 상업용 부동산은 건물과 투자자에 대한 정보를 중개사들끼리 쉽게 공유하지 않는다. 매매의 경우 거래 단위가 크고 투자 수요도 주거용 부동산에 비해 적은 편이므로 정보를 공유하기보다 중개사 본인만 가지고 있어야 큰 수익을 얻을 수 있기 때문이다.

정리하기

- 주거용 부동산 정보는 개방적이고 표준화가 가능하나 상업용 부동산 정보는 폐쇄적이고 개별성이 강하다.

10

권리금을 이해하지 못하면
절대로 상가 투자하지 말아라

상가 투자를 어렵게 만드는 요소 중 하나는 바로 권리금이다. 임차 시세가 높은지 낮은지 판단하기는 어렵지 않다. 임장을 나가 해당 지역 공인중개사와 이야기를 나눠보면 어느 정도 규칙성이 있으며 네이버 부동산에 나와있는 면적, 층수, 위치 등의 정보와 임차 시세를 활용하면 데이터 정리가 쉬운 편이다. 하지만 권리금은 다르다. 내 경험상 상가 임대차계약을 체결할 때 기존 임대차계약서를 임대인이나 현재 임차인을 통해 확인하는 경우는 있었으나 기존 권리계약서는 확인해본 적이 손에 꼽힐 정도다. 건물 등기부등본을 봐도 매매가는 확인할 수 있지만 해당 상가가 권리매매로 얼마에 거래됐는지는 확인할 수 없다. 권리금은 폐쇄적인 정보다.

이런 폐쇄적인 속성 때문에 권리금이라는 존재는 투자자로 하여금 어렵게 느끼게 하고 뭔가 부정적인 요소라고 생각하게 만든다. 또한 권리금에 대해서는 세금계산서를 발행하지 않는 게 일반적인 것을 보면 폐쇄적인 거래임은 틀림없다.

사실 임대인에게 권리금은 문제될 것이 없다. 권리매매는 임차인들 간 거래고 그 비용의 주체가 임대인이 되는 경우는 드물다. 하지만 앞으로 상가에 투자하고 싶다면 권리금을 어떤 관점에서 접근해야 하는지 정리가 필요하다.

권리금은 수요고 프리미엄(웃돈)이다. 일정 수준의 권리금이 형성돼 가게의 양도양수가 이뤄진다는 것은 기꺼이 그 금액을 주더라도 해당 상가에서 영업하고 싶은 임차인이 있다는 의미다. 권리금이 높을수록 해당 상가가 가지는 지역 내 프리미엄이 높다는 것이다.

이런 이유 때문에 상가를 매매할 때 지역 내 권리금이 얼마 정도로 형성돼 거래되는지 파악하면 상권 수요가 어느 정도인지 가늠해볼 수 있다. 여기서 주의할 점은 기존 임차인들이 희망하는 권리금을 파악하기보다 실제로 거래되는 권리금 수준을 파악하는 것이 중요하다. 이는 공공 데이터로는 알 수 없고 중개사 인터뷰를 통해 알아내야 한다. 손품이 아닌 발품을 팔아야 얻을 수 있는 정보다. 권리금은 프리미엄임을 잊지 말고 상가 투자를 할 때 적극 활용하는 사람이 현명한 투자자다. 또한 권리금이 존재한다는 사실은 해당 상가에서 사업자를 내고 싶어하는 예비 임차인들이 많음을 의미한다는 사실도 잊지 말자.

장사가 잘되는 지역에는 대부분 권리금이 형성돼있다. 투자처를 물색할 때 해당 상권과의 비교 상권에 얼마 정도의 권리금이 형성돼있는지 살펴보면 투자 인사이트를 얻을 수도 있다.

권리금에도 입지별 시세가 있을까?

권리금은 시세가 없다고 말하는 것이 맞다. 왜냐하면 상가의 개별성 때문이다. 두 상가의 물리적 거리가 가깝다고 입지 가치가 같지는 않다.

도표 2-25 문래역 상권의 생활동선

'도표 2-25'의 서울 지하철 2호선 문래역 인근의 A상가는 권리매매가 이뤄지는 반면, B상가는 권리금이 낮고 거래가 이뤄지기 어렵

다. 그 이유는 무엇일까? 해당 지역에 위치한 지식산업센터, GS홈쇼핑, 아파트 등 배후세대의 생활동선은 문래역을 향해 흐르는데, B상가는 동선에서 벗어나있어 실질적으로 유입시킬 수 있는 고객 수가 A상가에 비해 적기 때문이다. 하지만 A상가와 B상가의 물리적 거리는 50미터도 채 되지 않는다.

동일한 상권 내 권리금이 높은 입지와 무권리 입지의 차이를 학습해보는 것도 좋은 상권분석 공부가 될 수 있다.

정리하기

- 권리금이 형성된 상권은 진입하려는 예비 수요가 큰 지역임을 의미한다.
- 현 임차인들의 희망 권리금이 아닌 실질적으로 거래되는 권리금이 얼마인지 파악해야 한다.

전면 길이가
4미터가 넘는 상가에
투자해야 하는 이유

상가 전면 길이의 차이가 공간 활용성을 좌우한다. 예를 들어 면적이 약 10평 정도로 같은 상가여도 전면 길이가 얼마인지에 따라 임차인들의 계약 여부가 결정된다. '도표 2-26' 세 상가의 레이아웃을 비교해보면 쉽게 답이 나온다.

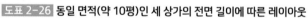

도표 2-26 동일 면적(약 10평)인 세 상가의 전면 길이에 따른 레이아웃

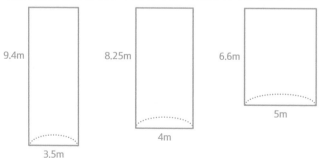

9.4m

8.25m

6.6m

5m

4m

3.5m

보기 좋은 떡이 먹기도 좋다. 개별 분양 상가는 보통 4미터 정도의 전면 길이를 가진 곳이 많다. 하지만 수익성을 극대화하고자 너무 많은 상가를 구성해 전면 길이가 좁은 기형적인 구조의 레이아웃이 나오는 경우가 있다. 이런 경우 매장의 활용성이 떨어져 의도치 않게 장기간 공실로 남아있을 가능성이 있고, 이로 인해 임대인은 분양받을 당시 기대했던 보증금과 월세에 크게 못 미치는 임대차계약을 체결할 수도 있다.

부동산 중개 사무소처럼 사무용 가구 이외에 별다른 시설이 필요하지 않은 경우에는 공간적인 제약이 없지만 충분한 주방 설비 공간과 테이블 수 확보가 중요한 식당, 공간 인테리어 구성이 중요한 카페 등 인테리어적인 요소가 많이 필요한 업종들은 동일한 면적이라도 시설과 집기들을 어떻게 배치할 수 있느냐에 따라 선호하는 상가가 달라진다.

다음의 특징을 가진 상가들은 예비 임차인들이 일반적으로 선호하지 않는 구조다. 같은 강남역 상권의 20평 매장이라도 구조에 따라 가치가 달라지기도 한다.

- 전면이 좁은 상가
- 전면에서 후면까지의 길이가 과도하게 긴 상가
- 측면이 사선으로 삐뚤어진 상가
- 비정형 모양(사각형이 아닌 불규칙한 형태)의 상가

주소를 말하기는 조심스럽고, 서울의 역세권에 위치한 한 상가는 전면 길이가 16미터이지만 세로 폭이 25미터가 넘는다. 숫자로 봤을 때는 크게 특이한 구조라 생각되지 않지만 레이아웃을 보면 '도표 2-27'과 같다.

도표 2-27 특이한 레이아웃의 상가

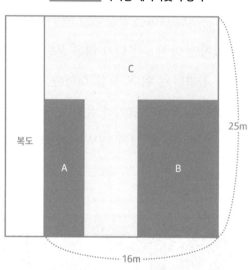

A상가와 B상가는 임대차계약이 완료돼 각각 영업 중이고 중간에 망치 모양의 비정형 C상가가 현재 임차인을 기다리고 있다. 계약을 하기까지 상당한 시간이 소요될 것으로 보인다. C상가는 면적은 넓으나 전면 길이가 좁고 매장 레이아웃이 제대로 나오기 어려운 구조다. 상가의 레이아웃은 직사각형에 가까운 모양일수록 좋다. 변수가 적기 때문이다.

C상가에 넓은 면적을 사용하는 업종이 입점했다면 레이아웃상

문제가 없었을 수 있다. 그러나 C상가는 역세권의 신축 상가로, 적정 임차 시세가 높아 분할이 필요한 상가였다. 초기에 입점했던 업종은 넓은 면적을 사용할 필요가 없어 후면 공간을 사용하지 않기로 협의한 것으로 알고 있다.

추가적으로 **내부와 외부 기둥의 유무도 확인해야 한다.** 구축 상가에 투자할 때는 눈으로 보이는 부분이기 때문에 기둥의 중요성에 대해 인지할 수 있지만 아직 준공되지 않은 분양 상가에 투자할 때는 기둥의 유무를 간과하기 쉽다. 분양 대행사에서 보여준 조감도와 다르게 내부 기둥의 크기가 크거나 유리 프레임인 줄 알았던 전면이 기둥에 가려져 외부에서 상가 내부가 잘 보이지 않는 경우가 있다. 상가 매력도를 떨어뜨리는 요소다.

▶ 상가 내부가 기둥에 가려진 모습

기둥이 가진 이런 단점을 알고 있기에 정상적인 상가라면 기둥을 기준으로 상가를 분할한다. 상가 내부에 위치한 기둥은 내부 활용도를 떨어뜨리므로 임차인들이 선호하지 않는 상가가 될 수 있다.

건물의 조경시설도 반드시 확인해야 한다. 서울 지하철 5호선 미사역의 미사역파라곤스퀘어 상가의 경우 미사역과 연결되는 좋은 입지임에도 불구하고 공실이 상당히 많은 상태다. 수요 대비 많은 상가 공급이 원인이기도 하지만 외부 조경시설 문제도 있다. 상가 전면을 놀이터와 조경시설이 가려서 대로변에서의 가시성이 낮다. 가시성과 접근성이 좋지 않은 상가는 경쟁력을 잃기 마련이다. 주거용 부동산의 관점에서는 플러스적인 요소가 상업용 부동산의 관점에서는 마이너스적인 요소가 될 수 있음을 보여주는 사례다.

▶ 미사역파라곤스퀘어의 외부 조경시설

상가의 가치를 살리고 임차인이 들어오고 싶어하는 상가의 요건이 무엇인지 반드시 기억했으면 한다. 다음 사진에서 보듯이 1층 상가에는 공실이 많음에도 고층부 외측 상가들은 왜 공실로 남아있지 않을까?

▶ 고층부 외측 상가의 가시성이 확보된 모습

정리하기

- 상가의 레이아웃, 기둥 유무, 조경시설에 따라 상가의 입지적 가치가 달라진다.
  일반적으로 임차인이 선호할 만한 요소가 무엇인지 알아두자.

대형 병원만으로는
좋은 상권이 될 수 없는 이유

투자하려는 입지 인근에 대형 병원이 있다면 어떨까? 투자에 청신호라고 생각하는 사람들이 많을 것이다. 하지만 대형 병원이 상권에 무조건 긍정적인 영향을 주는 것은 아니므로 면밀히 검토해봐야 한다. 대형 병원을 방문하는 입원 환자, 외래 환자, 보호자, 병원 관계자들로 인한 소비 수요가 있음은 분명하나 이 수요가 외부 상권에 영향을 주기 쉽지 않은 2가지 요인이 있다.

첫 번째는 병원을 방문하는 사람들 중 대부분이 병원 내부에서 소비한다는 점이다. 병원 안에는 환자를 치료하는 공간만 있지 않다. 간단한 식사와 마실 거리, 일반적인 잡화 등은 병원 안에서 구매가 가능하다. 또한 병원 관계자들이 식사할 수 있는 구내식당은 반드시 갖춰져 있다. 심지어 근래에 생겨나는 대형 병원에는 쇼핑몰에 온 착각을 불러일으킬 만큼 깔끔한 푸드코트가 운영되는 경우도 있다.

이처럼 병원 방문객과 근무자들은 병원 외부에서 소비하기보다 대부분의 소비를 병원 안에서 해결한다. 따라서 아무리 큰 대형 병원 인근의 상가라도 대중교통과 연계되지 않고 단순히 병원 가까이에만 있다면 오히려 병원으로 인해 상권이 차단되는 현상이 발생한다. 이는 95쪽에서 설명한 멀티플렉스 영화관 사례와 비슷한 관점으로 살펴봐야 한다. 소비 수요를 키우는 시설이지만 그 영향력이 생각보다는 크지 않을 수 있다.

병원 안에는 편의점, 식당, 카페, 베이커리 등이 입점돼있어 굳이 밖에서 소비할 필요가 없다. 병원 외부에서 소비가 이뤄지는 대표적인 업종은 약국, 의료기기 전문점 등으로 국한된다. 그래서 대형 병원 외부 상권의 1입지에는 대부분 약국이 입점돼있다.

내부에 소비할 공간이 있는 대형 병원의 외부 상권은 신중히 접근해야 한다. 병원 근무자와 환자 수가 아무리 많아도 실제 상가에 미치는 영향도는 낮을 수 있다. 물리적인 거리가 가까워도 병원이 본인 상가의 상권 범위에 반드시 들어오는 것은 아니다.

두 번째는 병상 수가 300개 미만인 병원은 큰 수요를 만들지 못한다는 점이다.—병원의 병상 수는 건강보험 심사평가원 사이트[11]

---

11) www.hira.or.kr

에서 확인 가능하다.―병상 수는 병원 상권의 흥망성쇠가 달려 있는 요소다. 병원의 규모를 판단할 때 가장 중요한 데이터가 병상 수다. 병상 수가 많으면 병상을 운영하기 위한 병원 근무자가 많을 것이고 더불어 입원 환자와 환자의 보호자 수도 많을 수밖에 없다. 또한 병상 수가 많으면 외래 환자의 유입도 자연스럽게 발생한다. 즉, 병상 수에 따라 병원 상권의 형성 여부가 결정된다. 이해를 돕기 위해 실제 사례를 살펴보자.

경기도 의정부시에 있는 의정부을지대학교병원은 2021년 3월 개원한 약 900개의 병상을 가진 대형 병원이다. 같은 의정부시에 있는 대형 병원인 가톨릭대학교 의정부성모병원의 병상 수가 약 700개인 것을 감안하면 경기 북부에서 가장 큰 병원이다. 일반적인 관점에서 보면 상권적으로 플러스적인 요소였을 것이므로 병원 준공 시기에 맞춰 인근 대로변에 상가들도 함께 생겨났다.

도표 2-28 의정부을지대학교병원 위치

의정부을지대학교병원 대로변에는 여전히 신축 상가가 늘어나고 있다. 개인적인 견해로는 앞으로도 상권적인 큰 변화는 없을 것이다. 병원 방문객과 근무자들 대부분은 외부 상권이 아닌 병원 안에서 소비할 것이기 때문이다.

▶ 공실이 많은 의정부을지대학교병원의 외부 상가 모습

병원 건너편 대로변에도 신축 상가가 들어서고 있으나 아마도 약국 업종을 제외하고는 크게 활성화되지 못할 가능성이 높다. 반경에 도로로 접근할 수 있는 배후세대가 많지 않고 병원 안에 각종 상가들이 잘 갖춰져 있어 병원 방문객과 근무자들이 병원을 벗어나지 않고도 필요한 소비를 할 수 있기 때문이다.

▶ 의정부을지대학교병원의 아케이드 모습(왼쪽)
▶ 서울대학교병원의 아케이드 모습(오른쪽)

- 대형 병원 내부에는 각종 상가들이 잘 갖춰져 있어 병원을 방문하는 사람들 대부분은 내부에서 소비가 가능하므로 외부 상권에 영향을 주지 못할 가능성이 높다.

- 병원 상권의 매출을 판단하는 기준은 2가지다. 병상 수와 외래 환자 수다. 일반적으로 병상 수와 외래 환자 수는 비례하므로 병상 수를 기준으로 병원 입지의 매출 잠재력을 판단한다.

3장

초보 투자자의
상권에 관한 착각 6가지

당신한테 이 가게가
좋아 보이는 이유

사람은 눈에 보이는 것을 믿는다. 그만큼 시각적인 요소가 인간의 판단에서 중요하다는 의미다.

- 유동인구가 많은 곳
- 버스정류장이 위치해 머무르는 사람들이 많은 곳
- 지하철역 출입구 동선
- 하교와 하원 시간대에 중·고등학생들이 몰리는 곳

이런 곳들을 보면 일반적으로 '여기 좋은 상권이네', '여기 대박 자리네'라고 생각할 것이다. 하지만 눈에 보이는 정보보다 눈에 보이지 않는 정보가 더 중요하다.

- 도보로 접근이 가능한 배후세대의 크기
- 상권 내 주요 생활동선의 유무
- 상가의 밀집도
- 경쟁점의 영향도
- 주변 상가와의 임차 시세 차이

왼쪽에서 언급한 요소들은 큰 노력 없이 확인하고 체감할 수 있지만 위에서 언급한 요소들은 인터넷에서 손품을 팔거나 현장에서 발품을 팔지 않으면 알 수 없는 정보들이다.

상권분석을 하고 입지를 선택할 때 가장 위험한 사람들이 본인이 오랫동안 살아온 지역에 투자하는 사람들이다. 제대로 된 상권 조사도 없이 본인 경험에만 의존해 상권을 판단할 수 있기 때문이다. 단지 오랜 기간 그 지역에 살았다는 이유로 '이 상권은 내가 잘 알지'라고 생각한다.

본인이 다니는 회사 근처라서, 본인이 20년 넘게 산 곳이라서 그곳의 상권을 이해할 수 있는 게 아니다. 본인이 생활한 것과 심층적인 상권분석을 하는 것은 차원이 다르다. 아침, 점심, 저녁에는 어떤 차이가 있고 주중과 주말은 또 어떻게 다른지 따져봐야 한다.

경험이 객관적으로 평가해야 할 것들을 주관적인 감으로 평가하게 만든다. 눈으로 보이는 것만 믿는 함정에 빠지지 말자.

- 좋은 상가를 찾기 위해서는 객관적인 기준(배후세대, 생활동선, 경쟁강도)으로 비교·평가해야 한다.
- 본인이 잘 알고 있는 지역이라는 이유로 상권분석에서 객관성을 잃는 것에 주의 하자.

02

스타벅스 옆은 좋은 입지일까?

"CGV, 롯데시네마가 들어오는 건물 1층입니다."

"같은 건물에 버거킹, 스타벅스가 계약된 상태입니다."

"파리바게뜨 바로 옆자리인데, 어떠세요?"

이런 말을 들으면 어떤 생각이 드는가? 직접 보지는 않았지만 꽤 괜찮은 자리라는 생각이 드는가? 이런 말을 들으면 기대감을 가지고 입지를 판단하게 된다. 그런데 중요한 것은 결과가 항상 긍정적이지만은 않다는 사실이다. 유명 프랜차이즈 브랜드가 입점했다거나 계약이 돼있다라는 사실은 사람들에게 해당 상권과 입지가 검증됐다는 느낌을 준다. 당연히 관심을 가지고 지켜볼 필요는 있으나 프랜차이즈 브랜드의 입점 상황만 가지고 상권과 입지의 등급 고하를 나누는 것은 위험한 생각이다. 유명 프랜차이즈 브랜드들의 출점 전략이 어떻게 이뤄지는지 이해가 필요하다.

'도표 3-1'은 경기도 광명시 하안사거리 상권이다. 스타벅스 매장 2개(광명하안대로점, 광명하안점)가 운영 중이다. 스타벅스는 이 상권에서 가장 좋은 입지를 선점해 들어간 것일까? 스타벅스의 출점 논리를 살펴보자.

도표 3-1 하안사거리 상권의 두 스타벅스 매장

스타벅스는 가맹 사업을 하지 않고 직영점으로만 매장을 운영한다. 그래서 매장별 거리가 가까워도 매출 발생이 예상되면 여러 개의 매장을 운영할 수 있다. 즉, 가맹점을 관리하는 다른 프랜차이즈 브랜드들과 달리 하나의 상권에도 여러 개의 매장이 들어서는 것이 가능하다. 우량 상권인 경우 하나의 상권임에도 여러 개의 스타벅

3장 초보 투자자의 상권에 관한 착각 6가지

스 매장이 있는 것을 볼 수 있다.

　우리나라에서 가장 잘나가는 카페 브랜드인 스타벅스이지만 상권 내 반드시 1입지에만 출점하지 않는다. 프랜차이즈 브랜드들의 출점 전략은 브랜드 고유의 특징에 따라 달라진다.

　'도표 3-2'는 경기도 파주시의 경의중앙선 운정역 상권이다. 운정역 주변은 개발 호재가 많고 배후세대도 대부분 입주한 상태이나 상권이 활성화되기까지는 긴 시간이 필요한 지역이다. 그런데 이곳에 카페 할리스 파주운정역점이 1~2층의 대형 면적으로 운영 중이다.

도표 3-2 운정역 상권의 할리스 파주운정역점

　이곳은 좋은 입지일까? 주변에 유명 프랜차이즈 브랜드가 입점해있으므로 수익을 낼 정도로 상권이 활성화됐다고 판단한 것일까? 나는 직영점이 아닌 분양주가 직접 운영하는 매장일 가능성이 아주 높다고 본다. 객관적으로 봐도 배후에 상권이 전혀 없는 상황에서 카페의 수익이 제대로 발생할 수 없기 때문이다.

주변 아파트 준공도 아직 완료되지 않았고 개발 사업의 진척도가 낮은 상가는 조심해야 한다. 향후에 좋아질 것이니 지금 선점해야 한다는 조급한 마음을 가질 필요가 전혀 없다. 기반시설 정비는 계획대로 되지 않는 경우가 많고 기대했던 만큼 상권이 활성화되지 않으면 이러지도 저러지도 못 하는 상황이 발생할 수 있다.

이처럼 유명 프랜차이즈 브랜드의 입점은 다음과 같은 이유로 당장의 적정 매출이 발생하지 않는 상가에도 있을 수 있다.

- 분양주가 직접 운영
- 장기간의 렌트프리 계약으로 입지 선점
- 시행사가 운영(타 상가의 분양 및 임대차계약을 위한 투자)

'도표 3-3'은 경기도 양주시 옥정신도시의 상업지역이다. 이곳에는 파리바게뜨 매장 2개(옥정역점, 양주옥정대림점)가 운영 중이다. 파리바게뜨는 상권분석을 통해 상권 내 가장 좋은 입지를 찾아 매장을 오픈했을까? 아니다. 옥정신도시는 3만 세대가 넘는 아파트 배후세대를 가진 곳으로, 배후세대를 기준으로 봤을 때 경기도권에서도 손꼽히는 대형 상권이다. 파리바게뜨 입장에서는 옥정신도시 안에서도 가장 큰 상업지역에 매장을 1개만 오픈하기에는 상권 규모가 크다고 판단해 A와 B 2개 매장을 오픈했을 것이다. 결국 지금의 매장 위치는 2개 매장을 출점하기 위한 전략적 입지인 것이지 상권 내 1입지를 선택한 것은 아니다.

도표 3-3 옥정신도시 상업지역의 두 파리바게뜨 매장

"CGV, 롯데시네마가 들어오는 건물 1층입니다."

"같은 건물에 버거킹, 스타벅스가 계약된 상태입니다."

"파리바게뜨 바로 옆자리인데, 어떠세요?"

다시 읽어보니 느낌이 어떤가? 이제는 유명 프랜차이즈 브랜드의 입점 여부로 상권의 좋고 나쁨을 판단할 수 없다는 사실을 이해했길 바란다.

정리하기

- 프랜차이즈 브랜드의 점포 개발 전략에는 일반인이 생각하지 못하는 내부적인 이유(다른 매장과의 거리, 필요 면적, 개별 브랜드 전략 등)가 존재한다. 따라서 유명 프랜차이즈 브랜드의 입점 여부로 상권을 판단하면 안 된다.

깨진 항아리 상권을 피해라

사람들이 일반적으로 생각하는 항아리 상권은 무엇일까?

- 크지는 않지만 고정적인 수요가 있는 상권
- 사람들이 다른 상권을 이용하기보다 해당 상권에서 대부분 소비하는 지역
- 안정적인 고정 배후 수요로 임차 수익은 물론 시세 차익도 함께 기대할 수 있는 상권

문제는 실제로 이런 항아리 상권은 많지 않다는 사실이다. 소비자가 해당 지역 이외의 다른 곳에서는 소비를 하지 않는다? 지방 상

권에서는 가능할지 모르겠으나 수도권에서는 통용되기 힘든 이야기다. 수도권은 대중교통 연결망이 잘 갖춰져 있어 조금만 이동하면 광역상권에 쉽게 접근할 수 있다. 대안이 될 수 있는 상권은 생각보다 많다. 반경 2킬로미터 이내 가장 집중된 상업지역이라도 반드시 이곳에서만 소비를 한다는 건 말이 안 된다.

우리는 폐쇄적인 사회에 살고 있지 않다. 이가 없으면 잇몸으로 산다고 하지 않던가? 물리적인 거리가 멀어도 방문할 이유가 있는 상권이면 사람들은 먼 거리를 이동해 소비를 한다. 그래서 사람들이 일반적으로 생각하는 항아리 상권은 웬만해서는 찾기가 힘들다.

항아리 상권이라고 오해할 수 있는 갈매지구 상권

"3만 5천 세대의 독점 배후세대를 가졌다."
"대단지 고정 수요로 안정적인 매출 발생이 가능하다."

상가 분양 광고에서 흔히 볼 수 있는 문구다. 그런데 실제로는 항아리 상권이 아닌데도 항아리 상권이라고 하거나 고정 배후 수요가 있어 안정적인 매출이 나올 수 있다고 잘못된 상권분석을 고객에게 안내하는 경우가 있다. 경기도 구리시의 갈매지구를 예로 들어보겠다. 생활동선을 살펴보며 항아리 상권의 잘못된 이해를 바로잡아보자.

'도표 3-4'의 갈매지구를 보면 A지역이 상업지역으로, 대부분의 편의시설이 집중돼있다. 이 지역에 위치한 상가의 상권 범위는 어떨까? 갈매지구 전체를 상권 범위로 생각할 수 있지만 실제로는 상당히 좁혀서 봐야 한다. 2가지 이유 때문이다.

도표 3-4 갈매지구의 세 상업지역

첫 번째는 거리상의 이유다. 아파트들이 남북으로 길게 이어져 위치해있어 A지역까지 이동하기에 거리가 먼 주거지역의 배후세대는 실제 해당 상권으로 유입되지 못할 가능성이 높다.

두 번째는 A지역을 대체할 다른 상권이 있다는 점이다. B, C 지역에도 근린생활시설이 있어 지역 주민들에게 경춘선 갈매역 인근의 A지역까지 이동해야 할 이유를 제공하지 못한다. 또한 차량으로 조금만 이동하면 경기도 남양주시의 별내 지역으로 이동이 가능하다.

작은 상권(갈매지구)이 인근에 있는 큰 상권(별내 지역)에 흡수되는 빨대 현상이 발생할 수 있다. 따라서 갈매지구의 상권 범위는 갈매지구 전체보다 좁혀서 봐야 보다 정확한 예상 매출 산정이 가능하다.

물리적인 거리가 정말로 중요할까? 생활 밀착형 업종에는 중요하지만 그 외 업종에는 그렇지 않다. 결국 중요한 것은 상가의 상권 범위를 어디까지로 봐야 하는가다. 업종과 상가의 적합도에 따라 결과가 달라질 수는 있으나 상권과 입지적 특성에 따라 범위를 예측해봐야 한다.

고객의 생활동선을 파악하는 것이 상권 범위 예측에 큰 도움이 된다. 사람들이 평소 어떻게 이동하는지, 어디에 있는 병원을 가는지, 간단히 쇼핑하는 장소는 어디인지, 대중교통을 이용하기 위해 어떻게 이동하는지, 자차 이용도가 높은 지역인지 지하철 이용도가 높은 지역인지 등을 탐색하면 사람들이 소비하는 지역이 어디일지 머릿속에서 그려볼 수 있다.

정리하기

- 지역 부동산 중개 사무소를 방문하면 "여기는 항아리 상권이라 좋다"라고 말하는 곳이 있으나 실제로는 항아리 상권이 아닌 경우가 많다.
- 물리적인 거리가 가깝다고 배후세대의 생활동선이 만들어지는 것은 아니다.

공인중개사 말만 들어서는
투자에 성공할 수 없는 이유

공인중개사만 믿고 충분한 조사 없이 계약을 하는 경우가 생각보다 많다. 중개사의 말만 듣고 투자를 결정하면 안 되는 이유에 대해 이야기해보겠다.

첫 번째는 조건—매매가, 임차 조건 등—이 다른 경우가 있다. 임대인이 원하는 매매가와 임차 조건을 중개사마다 다르게 알고 있는 경우가 종종 있다. 주거용 부동산과 마찬가지로 상업용 부동산 역시 계약을 맺기 전 협상이라는 단계를 거친다. 이 과정을 통해 매수자와 매도자의 금액이 조정되는데, 임대인이 특정 중개사와 전속 계약을 맺었다면 조정된 매매가와 임차 조건에 오차가 없을 것이다. 하지만 우리나라는 전속 계약을 맺는 경우가 드물고 대부분의 임대인은 해당 지역 내 3곳 이상의 부동산 중개 사무소와 소통한다. 여러 명의 중개사와 소통하는 과정에서 조정된 매매가와 임차 조건을 모든 중개사들에게 알리지 못할 수 있다. 따라서 일부 중개사는 본인이 처음에 알고 있던 매매가와 임차 조건을 임차인에게 그대로 알려줄 수도 있다.

"사장님, ○○ 부동산입니다.
일전에 내놓으신 상가는 아직 변동 사항 없으시죠?"

중개 사무소를 자주 방문하는 투자자들은 중개사가 임대인에게 연락해 조건을 재차 확인하는 모습을 본 적 있을 것이다.

두 번째는 중개사의 최우선 목적은 계약의 성사라는 점이다. 자본주의 논리로 생각하면 쉽다. 중개사는 무엇을 위해 우리와 거래할까? 중개를 통한 수익이 목적이다. 우리의 목적은 무엇일까? 좋은 투자처를 찾아 좋은 금액으로 계약하는 것이다. 그럼 중개사는 좋은 투자처를 발굴해 좋은 조건으로 임대인과 임차인 사이에서 협의를 진행하면 되지 않을까? 여기서 중개사 간의 경쟁 논리와 거래 당사자가 우리만이 아니라는 사실—임대인, 임차인, 매수자, 매도자—을 생각해봐야 한다. 즉, 중개사는 우리만을 위한 컨설팅보다 거래 성사를 위한 이야기를 많이 할 수밖에 없다.

"지금 이 금액으로는 다시 거래하기 힘들어요."

"근래 계약된 매물 중에서 가장 좋은 조건이에요."

"이만한 매물 찾기 힘드실 거예요.

어제도 다른 투자자분이 찾아와서 현장을 안내해드렸어요."

결국 어느 물건지가 좋은지 비교·평가해 결정하는 것은 스스로 감당해야 한다. 그리고 해당 지역에서 오랫동안 영업한 중개사라도 폐쇄적이고 개별성이 강한 상업용 부동산의 특징 때문에 모든 정보를 다 알지 못한다. 선택의 대가는 본인 스스로 감당해야 할 몫이지 누군가에게 의지해서는 안 된다.

정리하기

- 모든 것은 비교·평가가 중요하다. 공인중개사 역시 여럿을 비교·평가해 계약을 진행해야 한다.
- 실질적인 컨설팅보다 계약 진행 자체에만 집중하는 공인중개사가 생각보다 많다.

역세권 상가라고
무조건 대박 상가가 아닌 이유

"○○역 6번 출구 도보 1분 거리 초역세권"

"트리플 역세권(경의중앙선, 대곡소사선, SRT 예정)에 위치"

"경기도 더블 역세권 지하철역 도보 3분"

지하철역 출입구 인근에 위치한 상가는 투자처로 좋을까? 많은 사람들이 좋은 입지라고 판단할 가능성이 높다. 하지만 입지가 좋은지 나쁜지 반드시 따져봐야 한다. 지하철역의 존재는 인근 지역 주민들의 생활동선에 영향을 준다. 깔때기가 물을 모으는 것처럼 지하철 역사는 깔때기 역할을 한다. 즉, 역(깔때기)으로 배후세대(물)가 유입된다. 이는 곧 사람들의 생활동선이 돼 오가는 길목에서 자연스럽게 소비가 발생한다. 그런데 여기서 잊으면 안 되는 중요한 사실이 있다. 역세권에 위치한 상가라도 좋은 입지가 될 수도, 나쁜 입지가 될 수도 있다.

모든 역세권 상가가 좋은 투자처가 될 수 없는 여러 이유 중 2가지에 대해 정리해봤다.

첫 번째는 집객력이 약한 역은 상권적으로 의미가 없다. 역세권이기는 하지만 상권에 큰 영향을 주지 않는 경우가 있다. 의정부경전철, 용인경전철, 인천 2호선처럼 이용객 수가 많지 않으면 지하철역으로 인한 배후세대 유입도 크지 않아 상권 활성화에 큰 영향을 주지 못한다.

공공 데이터를 활용하면 사람들이 어느 지하철역을 많이 이용하는지 확인할 수 있다.―간단히 '나무위키'에서 찾고자하는 역명을 검색해도 일일 평균 이용객 수를 확인할 수 있다.―2021년 기준 서울 지하철 2호선 강남역의 일일 평균 이용객 수는 15만 명이 넘지만 4호선 남태령역은 2,000명도 채 되지 않는다. 역세권이라도 같은 역세권이 아니다.

의정부경전철을 예로 들어보겠다. 의정부경전철은 수도권에서 최초로 개통된 경전철로, 2012년에 개통됐다. 문제는 서울 지하철 1호선과 환승할 수 있는 회룡역을 제외하고는 이용률이 높지 않다는 것이다.

의정부경전철의 경기도청북부청사역을 살펴보자. 경기도 의정부시의 금오동 상권은 아파트 배후세대, 경기도청북부청사의 오피스 배후세대를 가지고 있다. 부용천을 기준으로 남북으로 나뉘는데, 남쪽의 역사 인근 입지보다 북쪽의 홈플러스 의정부점 맞은편 상권이 더 활성화된 지역이다. 북쪽의 상권이 더 활성화된 이유는 일단 경기도청북부청사역을 이용하는 사람이 5,000명이 되지 않고, 남쪽의 경우 상업지역 내 신축 상가는 생겼으나 오피스텔 이외의 상업시설이 크게 활성화되지 못했기 때문이다. 만약 일일 평균 이용객 수가 2만 명 이상이었다면 홈플러스 맞은편으로 형성된 북쪽 상권이 남쪽으로 이동했을 것이다.

도표 3-5 경기도청북부청사역 상권

2022년 3월에 개통된 서울 지하철 4호선 진접역도 살펴보자. 진접역은 개통 전후로 어떤 변화가 생겼을까? 서울시 노원구 상계동에 있는 4호선이 경기도권으로 연장된 것으로, 서울과 연결되는 노선이 생기는 것은 맞지만 그렇다고 향후에도 진접역 상권이 크게 활성화될 것으로 보이지는 않는다.

도표 3-6 진접읍의 주요 상권

경기도 남양주시 진접읍의 지리적인 특징은 주거지역이 왕숙천을 따라 남북으로 길게 형성돼있다는 것이다. 이로 인해 하나의 생활 상권이 형성되지 못하고 자연스럽게 여러 곳으로 상권이 분산됐다. 또한 대중교통 이용이 활성화되기보다 차량을 이용한 이동이 많았다.

진접역 인근에는 이미 상가 건물들이 준공돼있지만 상권이 형성되면 우선적으로 입점하는 프랜차이즈 브랜드들도 크게 관심을 두지 않는 상태다. 주거 배후세대가 반경 1킬로미터 기준으로 1만 세대, 반경 3킬로미터 기준으로 4만 세대가 있지만 문제는 이 배후세대가 진접역 상권으로 올 요인이 크지 않다.

진접읍의 주요 상권은 지리적인 특징 때문에 차량으로 접근해야 하는 곳이다. 아무리 서울과 연결되는 지하철역이 생겼다고 해도 상권적인 이동이 생기기에는 무리가 있다. 지역 주민들의 생활에 영향을 주기 위해서는 사람들이 해당 지하철역을 이용해야 한다. 과거보다 더 편리한 요소가 있어야만 사람들의 생활동선이 바뀐다. 단지 지하철역이 생긴 것만으로 상권에 변화가 나타나기는 어렵다. 이는 주택과 상가의 차이점이라고도 할 수 있다. 주거용 부동산에서 신설 역사의 존재는 큰 영향을 주지만 상업용 부동산에서 신설 역사의 영향도는 보수적으로 판단해야 한다.

두 번째는 지하철역의 출입구는 하나가 아니라는 점이다. 2021년 서울 지하철 시청역—1호선과 2호선 더블 역세권—의 일일 평균 이용객 수는 약 61,000명, 공덕역—5호선, 6호선, 경의중앙선, 공항철도 쿼드 역세권—의 일일 평균 이용객 수는 약 62,000명이다. 그러면 시청역과 공덕역 역세권에 위치한 상가는 이 모든 사람들을 대상으로 영업이 가능할까? 지하철역 출입구 앞에 위치한다는 단순한 사실은 중요하지 않다. 어떤 배후 시설이 동선상에 위치해있는지가 좋은 입지와 나쁜 입지를 가르는 기준이다. 출입구가 여러 곳이기 때문에 지하철 이용객의 수요가 여러 갈래로 분산되기 때문이다.

서울 지하철 1호선과 인천 지하철 1호선이 만나는 더블 역세권인 부평역을 살펴보자. 부평역의 지하철역 출입구는 총 7개다. 지하상가의 출입구까지 고려하면 더 많은 출입구가 존재하지만 본 책에서는 7개 출입구를 기준으로 이야기하겠다.

도표 3-7 부평역의 지하철 출입구(7개)

부평역은 코로나19 이전인 2019년 기준 일일 평균 약 8만 명이 이용하던 역이다. 문제는 부평역을 이용하는 사람들이 하나의 출입구만 이용하지 않고 목적에 따라 각기 다른 동선으로 이동한다는 점이다. 투자하려는 상가가 부평역과 도보로 3분 거리의 가까운 위치에 있어도 입지에 따라 가치가 달라진다. 배후에 주거지만 있는 1, 2번 출구보다 '부평테마의거리'와 '부평문화의거리'가 있어 유흥, 식당, 쇼핑 상권이 위치한 3, 4, 5, 6, 7번 출구의 입지가 더 많은 고객 동선이 있을 수밖에 없다.

공덕역사 내부 상가는 좋은 입지일까?

공덕역은 서울 지하철 5호선, 6호선, 경의중앙선, 공항철도 4

개 노선이 만나는 쿼드 역세권으로, 2021년 기준 일일 평균 약
62,000명의 사람들이 이용하는 역이다. 공덕역 인근에는 대형 오
피스 건물들이 위치해있어 직장인 배후세대가 많고 서울에서도 손
꼽히는 오피스상권이다.

　다음 사진에 보이는 공덕역사 내 자리는 입지적으로 좋은 위치일
까? 공덕역을 한 번이라도 이용해본 사람이라면 많은 사람들이 이
용하는 역임을 알기에 매출이 높을 거라고 생각할 가능성이 높다.

▶ 공덕역사 내부의 상권분석 대상 매장

　그러나 결론부터 말하면, 이 자리는 사람들의 생각처럼 좋은 입지
가 아니다. 공덕역은 2021년 기준 일일 평균 이용객 수가 62,000명
수준으로, 풍부한 직장인구를 가지고 있는 상권임은 맞으나 상가의
입지는 이 배후세대를 얼마만큼 유입시킬 수 있는지가 중요하다.

　공덕역의 출입구는 총 10개다. 위의 사진에 보이는 입지는 공
항철도 이용객들만 이용하게 되는 위치로, 해당 매장을 오가는 사
람 수는 2021년 기준 공덕역의 공항철도 일일 평균 이용객 수인
4,100여 명으로 보는 것이 옳다. 공덕역 내부에 있지만 출입구와

운행 노선이 많아 고객 동선이 분산되기 때문이다.

중국 인구가 약 14억 명이니 14억 명에게 1,000원짜리 물건 1개씩만 팔아도 1조 4,000억 원을 벌 수 있다는 이상한 분석을 하지 말아야 한다. 반경을 기준으로 배후세대를 판단하기보다 실제로 유입 가능한 상권 범위로 판단해야 한다. 마찬가지로 역세권 상권분석을 할 때도 지하철 이용객 수에 집중하지 말고 실제로 본인 상가를 이용할 수 있는 사람이 얼마나 되는지 파악하는 혜안이 필요하다.

이런 당연한 이야기를 투자를 할 때는 놓치는 경우가 많다. 앞서 살펴본 사례들을 본인이 투자하려는 상권과 입지에 접목시켜보면 실패하지 않는 투자 인사이트를 얻을 수 있을 것이다.

정리하기

- 역세권이라고 무조건 좋은 상권이 아니며 고객 동선을 살펴보는 것이 중요하다.
- 지하철역의 일일 평균 이용객 수가 5만 명이라고 5만 명 전부가 본인 가게의 유효 고객인 것은 아니다.

빅데이터를 활용한
상권분석 노하우가 있을까?

GS리테일에서 편의점 점포 개발 업무를 할 당시 IT팀의 부장님과 OJT를 진행한 적이 있다. 종이 지도를 A3 크기로 출력해 골목골목을 걸으며 배후세대를 기록하고, 2시간마다 20분씩 점포 전면 유동인구를 직접 세는 등의 현장 데이터를 정리했다. 이런 모습을 본 부장님이 상권 조사 방식에 대한 개선점을 말씀해주셨다.

"상권 조사를 할 때마다 아침부터 새벽까지 배후세대, 유동인구, 경쟁사 매출액을 직접 세고 다니는 거야? 이걸 데이터베이스화하면 현장에 나오지 않고도 매출 분석을 할 수 있지 않겠어?"
"조사할 때마다 이렇게 시간을 투자하면 낭비되는 부분이 큰 것 같아."

"이면골목의 유동인구는 직접 확인해봐야 한다지만 적어도
배후세대는 충분히 데이터베이스화해서 적용할 수 있지 않을까?"

부장님 말씀이 틀린 것은 아니다. 상권 조사를 할 때마다 아침
8시부터 다음날 새벽 2시까지 해당 상권의 배후세대, 직장인구, 유
동인구, 경쟁사 매출액을 파악하는 게 어쩌면 불필요하다고 생각
할 수 있다. 하지만 상권분석에는 빅데이터로는 극복할 수 없는 개
별적인 요소가 많다. 그리고 이런 개별적인 요소들은 빅데이터로는
확인할 수 없다고 나는 생각한다.

빅데이터를 활용해 상권분석을 할 수 있는 도구는 다양하다. 하
지만 이런 데이터에는 오류가 있음을 알아야 한다. 일반적으로 많이
사용하는 소상공인상권정보시스템을 예로 들어보겠다. 소상공인상
권정보시스템에서 상권 범위(위치)와 업종을 선택하면 해당 지역의
상권 데이터가 자동으로 분석된다. 선택한 업종의 창업지수도 볼 수
있다. 하지만 그럴싸해 보이는 데이터에는 큰 함정이 존재한다.

첫 번째는 상가와 브랜드에 따른 개별성을 구분하지 못한다는 점
이다. A상가에서 베이커리를 운영한다고 가정해보자. 같은 상권, 같
은 입지라도 어떤 브랜드를 운영하느냐에 따라 매출에 차이가 발생
한다. 또한 같은 브랜드를 운영해도 누가 운영하느냐에 따라 매출
이 달라질 수 있다. 그런데 소상공인상권정보시스템으로는 이런 상
가의 개별성을 반영하지 못한다.

두 번째는 경쟁점에 대한 영향도를 확인할 수 없다. 편의점의 경

쟁점이 편의점만 있는 것이 아니며 순댓국집의 경쟁점이 한식집만 있는 것이 아니다. 식당의 경쟁점은 식사를 할 수 있는 모든 장소가 된다. 동일한 메뉴군의 가게만 경쟁 대상이 되는 것이 아니다. 또한 이런 경쟁점이 얼마나 가까운 거리에 있는지, 동일한 소비자의 생활동선에 있는지 등에 따라서도 영향도가 달라지지만 이것을 데이터로 확인하는 것은 불가능하다.

결국 빅데이터에서 우리가 활용할 수 있는 자료는 인구 현황을 파악하는 정도다. 참고 자료 정도로 활용해야지 분석시스템에서 말하는 상권분석 결과를 그대로 투자에 적용하면 상당한 오류가 발생한다. 우리가 상권분석을 할 때 500미터, 1킬로미터 등의 반경을 기준으로 살펴보는 경우가 있다. 이는 최대한 유사한 조건 아래 상권을 비교하기 위함이지 상권 범위가 반경으로 이뤄진다는 의미가 아니다.

프랜차이즈 브랜드에서 상권분석을 할 때 빅데이터를 활용하는 것은 맞지만 어디까지나 참고 자료로써 인구 통계적인 데이터 분석 이상으로 활용하지 않는다. 또한 인구 통계적인 데이터에서 숫자를 중요하게 보기보다 이 결과물이 가진 의미에 대한 비교와 분석을 중요하게 생각한다.

정리하기

- 세대수와 유동인구 정보를 입력하면 예상 매출이 산정되는 마법 같은 도구는 존재하지 않는다.
- 빅데이터 자료는 참고 사항이지 이것을 절대적인 숫자로 판단해서는 안 된다.

4장

상가 투자가 처음이라면
꼭 알아야 하는 실전 팁 5가지

지도로 상권을 파악하는 방법

지역을 이해하고 어느 상권이 좋은지 비교하고 판단하기 위해서는 현장에서 직접 눈으로 보고 발로 걸어보는 것이 가장 효과적이다. 그래서 흔히 "현장에 답이 있다"라고 말한다. 하지만 현실적인 부분을 생각했을 때 검토하고자 하는 모든 상권을 방문하기란 쉽지 않고 현장에 가도 시간적 효율성을 높이기 위해서는 사전 조사가 필수다.

이번 단원에서 소개하는 내용은 내가 실제로 상권을 파악할 때 사용하는 방법이자 후배들에게도 알려주는 방법이다. 알고 보면 당연하지만 그 당연한 것을 제대로 모르는 사람들이 많기에 하나씩 풀어서 소개하겠다.

Step ① : 지적편집도로 예측하기

지적편집도에 대해서는 앞서 125쪽에서 살펴봤다. 이것을 활용하면 토지 계획을 통해 지역 분위기를 미리 엿볼 수 있다.

경기도 용인시 수지구 동천동의 지적편집도는 '도표 4-1'과 같다. 초록색 계열은 자연·보전 녹지지역으로, 산과 공원이 위치하고 노란색 계열은 일반주거지역으로, 아파트와 빌라 등 주택이 밀집한 지역이다. 분홍색 계열은 상업지역으로, 일반적으로는 상업시설들이 밀집된 경우가 많으나 동천동에는 물류 센터들이 밀집돼있다.

도표 4-1 동천동의 지적편집도

근린생활시설이 밀집된 곳은 현장에서 살펴봐야 한다. 동천동은 상업지역 내 '분당수지유타워'라는 건물이 있지만 오피스텔 거주민 약 1,000세대와 지식산업센터의 직장인구로는 여러 브랜드가 생존

할 수 있는 배후세대가 부족하다. 내 경험상 분당수지유타워의 상권 안정화 여부는 배후 상업지역이 어떻게 변화하느냐에 달려 있다고 판단된다. 크지 않은 배후세대를 흡수할 수 있는 업종들이 이미 선점하고 있어 파이 나눠 먹기가 될 가능성이 높으므로 신규 창업 장소로는 개인적으로 추천하지 않는다.

Step ② : 식당·병원·카페 밀집도 살펴보기

실제로 지역 상권 조사 초기 단계에서는 식당, 병원, 카페, 학원 등의 밀집도를 살펴본다. 지적편집도로 본 토지 계획과 대중교통망 현황을 업종별 밀집도와 함께 살펴보면 상권의 특성을 현장에 가보지 않아도 엿볼 수 있다. 이 방법을 활용하면 한 번도 가보지 않은 지역도 70% 이상 파악이 가능하다. 본인이 익숙한 지역부터 해보면 이 방법을 습득하는 데 도움이 될 것이다.

먼저 확인할 정보는 식당 분포 현황이다. 주거, 오피스, 유흥 상권을 불문하고 식당가는 사람들의 동선상에 위치할 수밖에 없다. 따라서 식당 분포만 살펴봐도 사람들이 주로 소비하는 골목이 어디인지, 동선은 어떻게 흐르는지 예측이 가능하다.

앞서 언급한 동천동을 살펴보자. 먼저 네이버 지도나 카카오맵에 접속한 뒤 본인이 살펴보고자 하는 지역을 검색해 해당 지역의 지도로 이동한다. 네이버 지도의 경우 지도 화면 상단의 '음식점 음식점' 탭을 클릭하면 해당 지역에 위치한 식당들이 표시된다. 카카오맵의 경우 네이버 지도와 마찬가지로 지도 화면 상단의 '주변_{주변}' 탭을 클릭하면 나타나는 항목에서 '음식점_{음식점}' 탭을 선택한다. 그러면 해당 지역에 위치한 식당들이 표시된다. '도표 4-2'는 동천동의 식당 분포 현황이 표시된 카카오맵 지도다. 동천동은 아파트 인근보다 물류 센터들이 밀집된 지역 인근으로 식당 밀집도가 높다.

도표 4-2 동천동의 식당 분포 현황

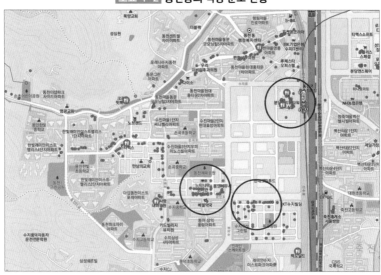

이렇게 지역에 대한 정보를 미리 확인한 뒤 현장에 가면 보다 빠르게 상권을 파악할 수 있다.

다음으로 확인하면 좋은 정보는 병원 분포 현황이다.

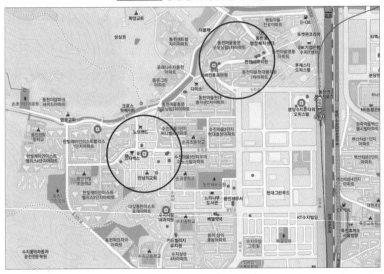

주거상권에서 병원의 밀집도가 중요한 이유는 배후지에서 접근성이 좋은 곳에 위치하는 것이 병원의 특성이기 때문이다. 본인이 아플 때를 생각해보자. 큰 병이 나거나 수술을 해야 한다면 거리가 멀어도 대형 병원을 찾아간다. 하지만 발목을 삐끗했을 때, 갑자기 열이 날 때, 이가 아파 치과를 가야 할 때는 어떤가? 되도록 집에서 가까운 병원을 찾게 된다. 그래서 주거상권에서 병원 밀집도는 해당 지역 내 거주민의 접근성이 좋은 상가 지역이 어디인지 판단하는 기준으로 삼기 좋다.

Step ③ : 배후세대 파악하기

네이버 지도나 카카오맵에서 해당 아파트를 클릭하면 손쉽게 세대수 확인이 가능하고 이를 통해 배후세대 분포를 살펴볼 수 있다.

'도표 4-4'에 보이는 동천동의 아파트 세대수 정보와 앞서 살펴본 '도표 4-2'의 식당 분포 현황, '도표 4-3'의 병원 분포 현황의 교집합을 보면 '도표 4-4'의 화살표같이 배후세대의 생활동선이 어떻게 형성될지 예측이 가능하다.

도표 4-4 동천동의 아파트 배후세대와 생활동선 흐름

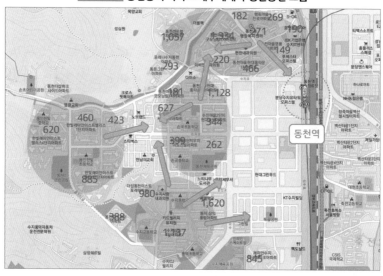

물론 브랜드나 업종의 특성에 따라 더 큰 상권 범위를 가지고 고객을 유입시킬 수도 있으나 일반적인 상권 범위는 충분히 예측할 수 있다.

Step ④ : 버스 노선도 확인하기

사람들의 생활동선은 도보, 대중교통, 차량을 통해 만들어진다.

지도에서 확인할 수 있는 정보 중 하나가 바로 대중교통을 통한 지역 주민들의 움직임이다. 버스정류장이 만들어지는 원리는 무엇일까? 만약 A와 B 지점이 있다면 둘 사이를 순환하는 버스 노선은 그 사이사이 사람들이 많이 이용하는 중심지를 거쳐 형성된다. 지극히 당연한 자본주의 논리다. 그렇다면 버스 노선도를 살펴보면 사람들의 동선이 어디에서 어디로 움직이고 상권 내 중심지는 어디인지 확인할 수 있지 않을까?

'도표 4-5'는 동천동의 버스 노선 중 마을버스 15번과 17번의 노선도다. 노선도를 살펴보면 배후세대의 동선이 어디로 향하는지 확인이 가능하다.

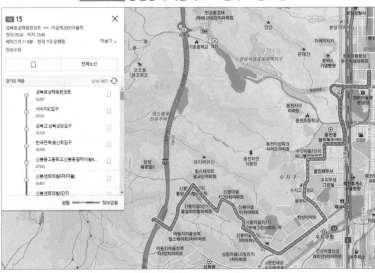

도표 4-5 동천동의 마을버스 15번과 17번 노선도

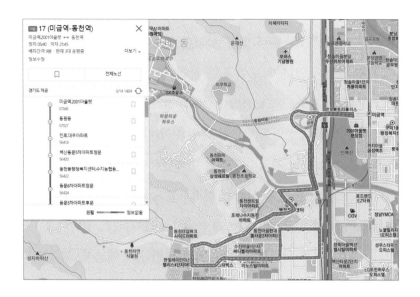

동천동에서 가장 가까운 지하철역은 신분당선 동천역이지만 버스 노선도를 보면 신분당선 수지구청역과 신분당선과 수인분당선 더블 역세권인 미금역으로 큰 생활동선이 존재함을 예측할 수 있다.

또한 상권 활성화도도 동천역 상권보다 수지구청역과 미금역 상권이 높으므로 동천동의 배후세대가 가까운 동천역으로 향한다는 예상 시나리오가 실제로는 틀릴 수도 있음을 가정할 수 있다. 이런 특이 요소들은 먼저 지도를 통해 파악한 뒤 현장을 방문해 직접 확인하면 된다. 버스 노선도를 보는 방법은 49쪽에서 설명했다.

Step ⑤ : 이제는 현장으로

지도만 있어도 해당 지역의 상권을 파악할 수 있는 방법은 무궁무진하다. 요즘은 온라인에서 빅데이터 자료들도 확인할 수 있어 활용할 수 있는 요소들이 많다. 하지만 현장에서 직접 느끼는 것보다 좋은 방법은 없다. 지도를 통한 상권분석은 효율적인 임장을 위한 기본이며, 지도를 보고 상권을 비교·평가할 줄 알아야 창업이나 상가에 투자할 때 현명한 판단을 내릴 수 있다.

지도를 통해 해당 지역의 기본을 이해했다면 이제 현장으로 가야 한다. 아침, 점심, 저녁의 모습을 살펴보고 동일한 지역 내에서도 임차 시세가 어떻게 다른지, 기존에 운영 중인 상가들은 얼마나 잘 운영되는지, 그리고 사람들을 만나 직접 인터뷰도 해보자. 생각보다 다양한 이야기들을 들을 수 있다. 현장은 본인이 생각하는 것 이상으로 많은 정보를 알려줄 것이다.

정리하기

- 지적편집도만큼 상권의 흐름을 잘 이해하는 데 유용한 도구는 없다. 자주 보고 활용하면서 사용에 익숙해지면 상권분석에 도움이 된다.
- 주거상권에서는 병원의 분포, 오피스상권에서는 식당의 분포를 살펴보면 활성화된 입지가 어디인지 예측할 수 있다.
- 버스 노선도를 살펴보면 사람들의 전체적인 생활동선 흐름을 이해하는 데 도움이 된다.

상권분석지도를 만드는 방법

상권분석지도는 1장의 지도에 상권에 대한 정보를 시각화한 것이다. 나는 지금도 이 방법을 사용하고 있으며 회사에서 점포 개발업무를 할 때도 이것을 활용해 상권분석과 입지 관리를 했다.

수첩이나 엑셀 파일에 기록하는 것이 아닌 지도상에 시각화해 기록하고 관리해야 하는 이유가 있다. 상권을 분석할 때는 입지만 보지 않는다. 전체적인 분위기―경쟁점, 주요 시설물, 대중교통 등―를 봐야 하는데, 수첩에 임차 조건이나 특이 사항만 적어서 관리하면 단순한 입지 관리 노트가 돼버린다. 부동산 중개 사무소에서 상담자 리스트를 노트에 적어놓고 나중에 임대인 의뢰가 있을 때 일일이 찾아보는 방식과 다르지 않다. 한마디로 비효율적이다. 물론 이렇게라도 기록으로 남기는 것이 아무 것도 하지 않는 것보다는 낫다.

창업이나 상가 투자, 경매를 하기 전에 해당 지역에 대해 시각화한 자료를 만들어보는 것이 좋다. 한번 만들어보면 지역을 이해한다는 게 어떤 것인지 스스로 답을 찾을 수 있다.

그렇다면 지도에 들어가야 할 정보는 무엇일까?

- 주요 시설물
- 배후세대(주거인구, 직장인구)
- 대중교통 현황(버스정류장, 지하철 출입구)
- 기타(현장에서 느낀 것들)

이런 정보들을 지도에 정리해나가다 보면 물건지에 대한 객관적인 정보 습득이 가능하다. 예를 들어 특정 지역의 상권이 맘에 든다면 최소 5곳 이상의 지역 내 부동산 중개 사무소를 방문해보자. 그리고 단순히 정보를 듣기만 하지 말고 하나하나 상세히 기록해야 한다. 시세, 건물 히스토리, 현 임차인의 상황, 지역에 대한 이야기 등 온라인에서 얻을 수 없는 정보들을 많이 얻을 수 있다.

이런 정보들이 모이면 지역을 이해하게 되고 본인이 투자하려는 상권과 다른 상권을 비교할 수 있는 안목이 생긴다. 하나만 보면 좋은지 나쁜지 알 수 없지만 비교 대상이 하나둘씩 늘어나면 그중에서 하나를 고르는 것은 어렵지 않다. 값비싼 전자 제품을 구입할 때를 생각해보라. 가격 비교 사이트에서 시장 가격을 확인한 뒤 SNS

에서 사용 후기를 살펴보고 전자 제품에 대해 해박한 지인이 있으면 이것저것 궁금한 것을 물어보며 브랜드 추천도 받지 않던가? 투자도 이와 다를 것이 없다.

상권 정보를 기록할 지도는 어떻게 만들까?

① 네이버 지도와 카카오맵 활용하기

네이버 지도나 카카오맵에서 물건지 중심의 상권 인근으로 최소 반경 500미터 범위가 나올 수 있도록 설정한 뒤 스크린 캡쳐를 한다. 이것을 A3나 A4 크기로 출력한다. 반경 500미터를 기준으로 하는 이유는 도보 7분 내외에 접근할 수 있는 거리이기 때문이다.

지도상에 반경을 표시하는 방법은 네이버 지도의 경우 먼저 지도 화면의 오른쪽에 있는 '반경 📍' 아이콘을 클릭한다. 지도상에 반경 커서가 나타나고 원하는 위치를 클릭한 뒤 커서를 서서히 이동하면 원하는 거리의 반경이 표시된다.

카카오맵의 경우 먼저 지도 화면의 오른쪽에 있는 '반경재기 ◎' 아이콘을 클릭한다. 다음 과정은 네이버 지도와 동일하다. '도표 4-6'은 서울 지하철 5호선 고덕역을 기준으로 반경 500미터를 표시한 카카오맵 지도다.

고덕역을 기준으로 반경 500미터를 표시한 지도

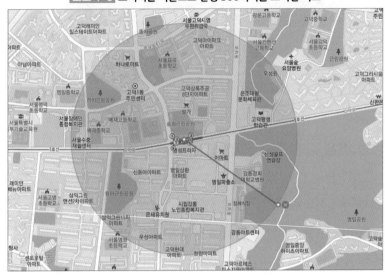

이렇게 반경이 표시된 지도를 출력해 현장을 다니며 192쪽에서 설명한 정보들을 지도 위에 작성하면 된다.

② 구청에서 관내지도 습득하기

구청에 가서 도로명주소로 된 지도를 구한다고 말하면 지적과나 부동산과 혹은 토지과에 가서 문의하라고 할 것이다. 해당 부서를 찾아가면 아주 친절하게 관내지도—코팅도 돼있다.—를 준다. 무료이니 적극 활용해보자.

다음 사진은 실제로 내가 작성하고 활용했던 상권분석지도다. 나는 이 지도를 항상 들고다니며 지역의 특이 사항을 정리하면서 상권분석과 입지 관리를 했다.

▶ 점포 개발 업무를 하면서 만들었던 상권분석지도

　　엑셀 파일에 정리하는 데이터는 관리를 지속하기 어려우나 지도 위에 기록한 정보는 본인이 직접 보고 느낀 것을 그대로 옮겨놓았기 때문에 지역에 대한 이해도를 확장시키기에 좋다.

정리하기

- 상권 정보를 지도상에 표시하고 본인의 생각을 기록하는 것은 수첩이나 엑셀 파일에 기록하는 것과 큰 차이가 있다. 본인이 조사한 상권 정보를 지도상에 기록하는 습관을 길러보자.

상권분석 전문가의 네이버 지도, 카카오맵, 구글 지도 활용법

상권을 분석하고 데이터를 관리하는 데 있어 네이버 지도와 카카오맵, 구글 지도 만한 도구는 없다. 실제로 내가 9년간 점포 개발 업무를 하면서 컴퓨터와 스마트폰으로 지도를 보는 시간이 매우 많았다. 사람들이 잘 모르는, 상권분석에 도움이 되는 지도 속 기능들을 소개하겠다.

즐겨찾기 추가하기

네이버 지도와 카카오맵의 '즐겨찾기' 기능을 활용하면 좋다. 본인만의 리스트를 만들고 관심 있는 장소들을 즐겨찾기에 등록해 메모를 남길 수 있다. 임차 조건, 특이 사항, 현장에서 확인해야 할 정보 등을 지도에 누적하고 관리할 수 있다. 나중에 지역별 비교·평가나 입지의 비교·평가를 할 때 요긴하게 활용할 수 있다. 엑셀 파일에 데이터를 정리하는 것보다 지도상에 시각적으로 표시할 수 있어 보다 직관적으로 본인이 기록했던 정보들을 언제 어디서나 확인이 가능하다.

네이버 지도에서 즐겨찾기 기능을 이용하는 방법은 추가하고자 하는 주소지를 검색한 뒤 '저장하기 [저장하기]' 아이콘을 클릭하면 된다. 메모를 남기거나 리스트를 구분해 저장할 수도 있다.

카카오맵에서 즐겨찾기 기능을 이용하는 방법은 먼저 지도 화면에서 즐겨찾기에 추가하고자 하는 지점에 마우스 커서를 둔다. 오른쪽 버튼을 누르면 나타나는 항목에서 '즐겨찾기 추가 [즐겨찾기 추가]' 탭을 클릭하면 지도의 해당 지점에 별 모양 아이콘✪이 표시된다.

내부 구조 확인하기

네이버 지도와 카카오맵을 활용하면 쇼핑몰의 내부 구조도 확인이 가능하다. 현장에 가지 않아도 쇼핑몰이나 지하상가의 내부 구조를 파악할 수 있어 지역을 이해하는 데 도움이 된다. 2022년 1월 기준 네이버 지도로 보는 것이 더 자세한 정보를 얻을 수 있다. 카카오맵은 백화점이나 쇼핑몰 등의 층별 레이아웃을 세부적으로 볼 수 있는 기능은 제공하지 않는다. 방법은 네이버 지도에서 확인하고자 하는 쇼핑몰이나 지하상가를 검색한 뒤 지도 화면에서 해당 장소를 클릭하면 된다. 그러면 화면 왼쪽 하단에 층별로 확인할 수 있는 탭이 나타난다.

'도표 4-7'은 현대백화점 압구정본점의 네이버 지도로, 백화점 각 층의 MD 구성을 살펴볼 수 있다.

도표 4-7 현대백화점 압구정본점의 네이버 지도

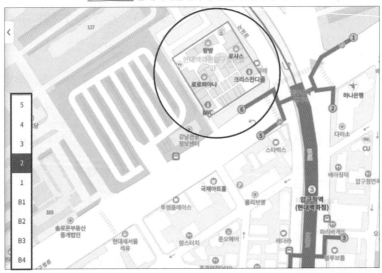

'도표 4-8'은 부평역 지하상가의 카카오맵 지도로, 지하상가 쇼핑몰 구조가 어떻게 돼있는지 살펴볼 수 있다.

이제는 거리 보기를 넘어 건물 내부까지 볼 수 있는 시대가 됐다.

거리 보기 기능 활용하기

네이버 지도의 '거리뷰'나 카카오맵의 '로드뷰' 등의 거리 보기 기능을 통해 과거의 모습들을 보면 현재와 비교해 상권이 어떻게 변했는지, 업종은 어떻게 바뀌었는지, 건물의 간판은 어떻게 설치돼있었는지 등 현재는 확인할 수 없는 과거의 상세한 정보를 알 수 있다.

주요 골목의 경우 거리 보기로 먼저 살펴본 뒤 현장을 방문하면 실질적인 조사 시간을 줄일 수 있다. 또한 신규 택지개발지구의 경우 거리 보기로 과거 모습과 현재 모습을 살펴보면 상권이 형성되기까지 얼마의 시간이 걸리는지 확인할 수 있다. 보통 상업지역 내 건물은 준공 뒤 2년 정도의 시간이 지나면 1층 상가의 공실이 거의 없어지고 5층 이상의 고층부까지 임대되기까지 짧으면 4년 정도가 걸린다.

네이버 지도의 거리뷰 기능을 이용하는 방법은 먼저 지도 화면에서 오른쪽에 있는 '거리뷰 🔲' 아이콘을 클릭한다. 지도상에 거리뷰 커서가 나타나면 보고 싶은 지점을 클릭한다. 그러면 해당 지점의 거리뷰 화면으로 이동하고 화면 왼쪽 하단에서 월 단위로 과거의 거리뷰를 볼 수 있다.

카카오맵의 로드뷰 기능을 이용하는 방법은 먼저 지도 화면에서 오른쪽 상단에 있는 '로드뷰 🔲' 아이콘을 클릭한다. 다음 과정은 네이버 지도와 동일하다. 다만 카카오맵의 경우 로드뷰 화면의 왼쪽 상단에서 월 단위로 과거의 로드뷰를 볼 수 있다.

구글 지도로 상권분석지도 만들기

구글 지도의 '내 지도' 기능은 네이버 지도와 카카오맵의 즐겨찾기 기능과 유사하나 엑셀에서 상권 정보를 작성한 뒤 그 엑셀 파일을 그대로 업로드해 지도에 표시할 수 있다는 장점이 있다. 엑셀 데이터를 맵핑Mapping한 내 구글 지도를 공유하면 '도표 4-9'와 같다.

도표 4-9 구글 지도로 만든 상권분석지도

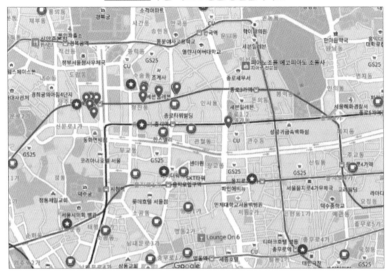

그렇다면 엑셀에는 어떤 상권 정보들을 작성하면 좋을까? 내가 임장 전 빠지지 않고 작성하는 정보 3가지 다음과 같다.

- 프랜차이즈 브랜드별 매출액

- 물건 현황(매매가, 보증금, 월 임차료, 권리금 등)

- 상권 정보(배후세대, 주요 시설물, 지역 특징 등)

투자자라면 임장을 통해 알게 된 정보들을 구글 지도에 기록하면 이 자체가 물건의 히스토리가 된다. 상권을 공부하고 임차 조건의 변화를 파악하는 데 큰 도움이 된다. 기록을 한 것과 안 한 것의 차이는 크다.

구글 지도에 한 번 맵핑해두면 컴퓨터나 스마트폰으로 언제 어디서나 본인이 맵핑한 데이터를 보고 활용할 수 있다. 구체적인 방법은 다음과 같다.

① 엑셀로 항목별 리스트 작성하기

	A	B	C	D	E	F	G	H	I	J
1	부동산	연락처	주소지	매매가	보증금	월 임차료	권리금	배후세대 500m	배후세대 1km	주요 시설물
2										
3										
4										
5										
6										
7										
8										
9										
10										

② 구글 지도에 등록하기

구글 지도에 접속한 뒤 화면 왼쪽 상단의 더 보기 아이콘☰을 클릭한다. 나타나는 화면에서 순서대로 '내 장소 → 지도 → 지도 만들기 → 가져오기'를 클릭하고 ①번에서 미리 만들어둔 엑셀 파일을 업로드한다. 지도 위에 아이콘 위치를 표시하기 위해 엑셀 파일의 '주소지' 열을 선택하고 이어서 아이콘 제목으로 지정하고자 하는 열을 선택하면 모든 과정이 마무리된다. 그러면 지도상에 '도표 4-9'처럼 표시된다. 컴퓨터와 스마트폰에서 모두 확인이 가능하다.

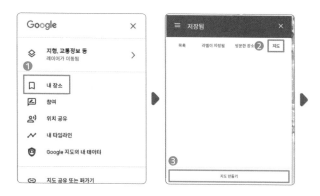

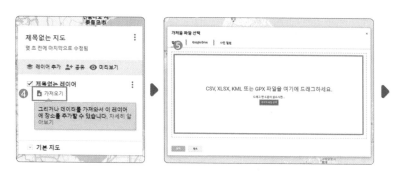

- 네이버 지도, 카카오맵, 구글 지도에는 맛집 검색이나 길찾기 기능 이외에도 즐겨찾기, 내부 구조 확인하기, 거리 보기 등 쓸만한 기능들이 많다.

실패하지 않으려면
비교하고 비교하고 또 비교해라

'이상형 월드컵'이라는 게임을 아는가? A와 B 2개의 선택지 중 본인이 더 선호하는 것을 선택해나가며 최종 선택을 하는 토너먼트형 게임이다. 상권에 대한 비교·평가도 이상형 월드컵 게임과 다르지 않다. 하나의 상가만 볼 때는 이곳이 좋은 투자처인지 아닌지 자신 있게 판단하기 힘들다. 하지만 다른 대상과 비교하고 또 다른 대상과 비교하는 과정을 거치면 자연스럽게 더 좋은 상가를 찾아낼 수 있다. 이것이 비교·평가의 힘이다.

중요한 것은 무엇을 기준으로 비교·평가해야 하는가다. 본 책에서 상권분석의 처음부터 끝까지 강조하는 3가지가 있다. 배후세대, 생활동선, 경쟁강도다. **상권과 입지를 평가하는 기준을 알면 물건**

지의 비교·평가는 어렵지 않다. 명확한 기준을 가지고 있다는 것은 상권의 흐름을 이해한다는 것이고, 결국 투자할 때 돈이 되는 선택을 할 수 있는 선구안을 갖게 됨을 의미한다.

- ⊘ 배후세대가 얼마나 되는지
- ⊘ 상가가 지역 주민들의 생활동선상에 위치해있는지
- ⊘ 상권 내 상가 공급이 많은지 적은지
- ⊘ 주요 시설물은 어떤 것들이 있는지
- ⊘ 다른 상가와 비교했을 때 가시성이 좋은지 나쁜지
- ⊘ 면적이 어떻게 다르고, 전면 길이의 차이는 어떤지

상권과 입지 분석에서 핵심이 무엇인지 기억하고 그것을 항목별로 비교하다 보면 보다 나은 선택을 하는 데 기준점이 될 것이다.

하나의 상권만 두고 고민하면 이 투자처가 좋은지 나쁜지 결정을 내리기 힘들다. 대부분의 예비 점주들은 좋은 임차 조건으로 계약할 수 있는 급매물이 있음에도 그것이 정말 좋은 조건인지 알지 못한다. 선택을 하기 위해서는 비교 대상이 필요한데, 기준 없이 본인의 감과 지인들의 조언을 바탕으로 투자를 결정하는 사람이 너무 많다.

정리하기

- 비교·평가는 상가 투자자와 창업자 모두에게 필요하다.

임대인과 임차인 바로 알기

상권에 대한 이해가 있어야 투자에 성공할 수 있다는 사실은 상가 투자를 하려는 사람과 창업을 하려는 사람 모두에게 해당된다. 본 책에서는 상권분석에서 중요한 3가지 요소인 배후세대, 생활동선, 경쟁강도에 대해 계속해서 언급했다. 그런데 재미있는 사실은 임대인으로서 상가 투자를 하려는 사람과 임차인으로서 사업을 하려는 사람에게 중요한 게 다르다는 점이다. 상권분석에서 임대인과 임차인의 입장을 제대로 이해할 필요가 있다. 지피지기면 백전불태다.

임차 조건 인하가 쉽지 않은 이유

A상가에서 한 임차인이 보증금 5,000만 원, 월 임차료 200만 원에 임대차계약을 맺고 영업 중이라고 가정해보자. 만약 월 임차료를 190만 원으로 내린다면 임대인에게 유의미한 영향이 있을까? 건물 감정평가에는 여러 방법이 있지만 대상 부동산이 향후에 얼마만큼의 수익률을 낼지를 기준으로 판단하면 월 10만 원의 차이는 결코 적은 금액이 아니다.

'도표 4-10'에서 보듯이 임대인 입장에서 부동산의 기대 수익률을 4~6% 구간으로 보면 매매가가 적게는 2,000만 원에서 많게는 3,000만 원까지 차이가 난다. 월 임차료 10만 원의 무게는 생각보다 무겁다.

도표 4-10 수익률을 기준으로 월 임차료 10만 원의 차이가 주는 매매가 변동 폭

(단위 : 만 원)

수익률	4%		5%		6%	
보증금	5,000					
월 임차료	200	190	200	190	200	190
연간 수익	2,400	2,280	2,400	2,280	2,400	2,280
매매가	60,000	57,000	48,000	45,600	40,000	38,000

신축 분양 상가에서 시행사나 임대인이 렌트프리를 제안하는 이유

렌트프리란 약정한 기간 동안 임차료를 받지 않는 무상 임대를 말한다. 인테리어 공사 기간 동안 임차료를 받지 않는 렌트프리와 임대차계약서상 조건은 유지하되—임차 조건을 낮추면 향후 매매가에 영향을 줄 수 있으므로—3~9개월의 장기간 임차료를 받지 않는 렌트프리 2가지가 있다. 현재와 미래의 상권 활성화도 차이가 크다고 판단되면 임대인이 임차인에게 렌트프리를 제안하는 경우가 있다. 예를 들어 임대차계약 체결 시 월 임차료는 400만 원으로 하되 특약에 렌트프리 3개월 또는 6개월의 내용을 넣어 실제 지불해야 하는 임차료 수준을 낮추는 것이다.

시행사나 임대인이 렌트프리를 제안하는 이유는 2가지다.

첫 번째는 수요 대비 높은 공급 때문이다. 상권 활성화도가 낮다는 것은 현재의 수요가 부족하다는 의미다. 임차인 입장에서는 당장 가게를 운영하면 자칫 마이너스 수익을 낼 수 있다. 임대인 입장에서는 임차 수요가 낮은 상태이므로 임대차계약을 맺기가 어렵다. 낮은 수익성 때문에 현재 시점에서 상가에 입점하려는 사람들이 적기 때문이다. 이런 경우 공실로 두는 것보다 렌트프리를 활용해 상가 임차인을 하루라도 빨리 찾는 것이 하나의 방안이다.

두 번째는 렌트프리 특약이 매매가 보존을 가능하게 하기 때문이다. 앞서 '도표 4-10'에서 봤듯이 임차인의 수익을 위해 월 임차료를 조정하면 향후 매매가에도 영향을 주게 된다. 또한 「상가건물 임대차보호법」 개정으로 인해 계약 갱신 시 임차료 상한이 5% 이내이기 때문에 초기 계약 시 어떤 임차 조건으로 계약했는지가 중요해졌다. 신축 건물은 시행사와 계약하는 경우가 많은데, 시행사들도 렌트프리에 대해서는 유동적으로 말하지만 임차 조건 자체를 조정하는 것은 꺼려한다. 임차 조건을 조정하면 임차인을 찾기는 수월하지만 향후 상가 분양에 장애물이 될 수도 있기 때문이다.

상가 면적과 임차 조건이 무조건 비례하지 않는 이유

상가 면적과 임차 조건이 무조건 비례하는 것은 아니다. 쉽게 말해 면적이 50평인 상가의 임차 조건이 10평인 상가의 5배가 아니라는 의미다. 그 이유는 '도표 4-11'을 보면서 설명하겠다.

도표 4-11 상가 면적당 임차 수요(1층 기준)

10평 미만 상가	임차 수요 보통
10~20평 상가	임차 수요 풍부
20~30평 상가	임차 수요 풍부
30~40평 상가	임차 수요 부족
40평 초과 상가	임차 수요 희귀

면적이 10평 미만인 상가의 경우 하나로는 공간이 부족하나 2개 상가를 합쳐서 확장하면 18평 내외의 면적 확보가 가능해 임차 수

요에 큰 문제가 없다. 10~30평 내외의 상가는 일반적인 판매점, 카페, 식당 등 대부분의 업종이 필요로 하는 면적이므로 수요가 풍부하다. 문제는 40평이 넘는 상가다. 상가 구조상 분할이 가능해 20평 면적으로 2개 상가를 만들 수 있다면 문제가 없으나 공용 화단이나 전면 길이 부족 등의 이유로 원만한 분할이 불가능한 대형 면적의 상가는 면적에 비례한 임차 조건 형성이 힘들다. 큰 면적을 활용하려는 임차 수요가 상대적으로 적기 때문이다.

자본주의는 수요와 공급의 논리로 움직인다. 수요가 많으면 가격이 상승하고 수요가 적으면 가격은 유지되거나 하락한다. 면적이 넓은 상가는 입점 가능한 임차인 수요가 상대적으로 적어 면적에 비례한 임차료를 받지 못하는 경우가 있다.

그런데 고층부로 올라가면 이야기가 달라진다. 학원, 사무실, 병원, 키즈카페, 스터디카페, PC방 등은 일반적으로 상가 건물의 고층부에 위치한다. 이런 업종들은 최소 30평에서 넓게는 100평 정도의 넓은 면적이 필요한데, 1층 상가에서는 임차료를 감당할 수 없기 때문에 자연스레 고층부나 지하에 위치한다. 따라서 2층 이상의 상가 건물의 경우 10~30평보다 넓은 면적을 가진 상가의 임차 수요가 많다.

고층부로 갈수록 상가 공실률이 높아지는 이유

1층 상가와 고층부 상가의 임차 수요 차이로 인해 고층부로 갈수록 상가 공실률이 높아진다. 1층 상가 대비 고층부 상가에서 영업하고자 하는 수요가 적기 때문이다. 그래서 고층부 상가의 경우 기존 임차인이 퇴거한 뒤 새로운 임차인이 나타나지 않는 경우가 종종 있다.

이 역시 수요와 공급의 논리로 이해할 수 있다. 목적성이 강한 업종은 고층부 상가나 이면골목 입지에도 입점이 가능하나 생활 밀착형 업종은 대부분 1층 상가 전면부에 위치하려는 성향이 강하다. 즉, 층에 따라 입점할 수 있는 업종이 달라진다. 따라서 투자자라면 상가 입지에 어떤 업종들이 들어갈지 머릿속으로 그려볼 수 있는 안목이 필요하다.

▶ 1층 상가와 고층부 상가에 입점한 업종들

정리하기

- 임대인, 임차인 모두를 만족하기 위해서는 임차 조건을 낮추기보다 렌트프리를 활용하는 것이 좋다
- 1층 상가와 고층부 상가의 공실률 차이는 수요와 공급의 원칙으로 인해 발생한다.
- 임대인과 임차인의 심리를 이해하면 많은 인사이트를 얻을 수 있다.

5장

상권분석 짧은 Q&A 8가지

Q 1 프랜차이즈 브랜드들은 자체적인 상권분석시스템을 구축하고 있을까?

상권분석시스템을 프로그램으로 구축한 곳은 없다고 보는 게 맞을 것이다. 이유는 상권의 강한 개별성 때문이다. 상권, 입지, 면적, 운영 방식, 경쟁강도 등 매출에 영향을 줄 수 있는 요소는 너무나도 많다. 통계자료 등의 빅데이터를 이용한 매출 분석은 정확도가 떨어질 수밖에 없다.

점포 개발 담당자들도 상권 조사 시 주로 현장에서 직접 데이터를 수집하는 방식을 사용한다. 현장에서 수집한 데이터를 바탕으로 상권 조사 보고서를 작성한 뒤 내부적으로 검토를 진행한다. 보고서의 주요 내용은 배후세대(세대수, 근무자 수 등), 유동인구, 주요 시설물, 경쟁사 매출 조사 등의 상권분석 내용과 임차 조건, 면적, 가시성, 접근성 등의 입지분석 내용이다. 인터넷에서 얻은 빅데이터가 상권분석의 참고 자료는 되지만 실질적인 데이터는 현장에서 찾아야 한다.

Q 2 본인이 보유한 상가에 프랜차이즈 브랜드를 입점시키고 싶다면?

본인이 보유한 상가의 임차인이 스타벅스라면 어떨까? 생각만 해도 기분이 좋을 것이다. 임대인은 오랜 기간 안정적인 임차료를 낼 수 있는 임차인과 계약하고 싶어한다. 「상가건물 임대차보호법」 개정으로 임차권 보장이 최대 10년까지 가능하게 됐고 한 번 계약한 임차인과 오랜 기간 계약을 유지할 가능성이 커진 만큼 좋은 임차인을 찾는 것도 중요하다.

그렇다면 본인 상가에 프랜차이즈 브랜드를 입점시키기 위해서는 어떻게 해야 할까? 모든 프랜차이즈 브랜드는 가맹점이나 직영점 개설을 위한 홈페이지 접수 창구를 가지고 있다. 본인 상가에 들어왔으면 하는 브랜드가 있다면 물건 정보를 해당 브랜드 홈페이지에 등록해보자. 지역 개발 담당자가 보통 1주일 안에 연락할 것이다. 홈페이지에 등록하는 내용은 길게 작성할 필요가 전혀 없다. 해당 물건지에 출점이 가능한지 아닌지는 담당자가 판단할 내용이다. 주소, 임차 조건, 면적 등의 정보만 간단히 남겨도 되니 어렵게 생각하지 말고 홈페이지를 방문해 문의를 남겨보자.

또한 브랜드별 출점 조건이 다르기 때문에 하나의 브랜드에만 연락하기보다 최대한 많은 곳에 연락하는 것이 좋다. 동일 상권에 기존에 운영 중인 매장이 있는 경우 입지가 좋아도 출점하지 못하는 상황이 생길 수 있다. 브랜드의 이런 내부적인 상황을 임대인은 알기 어려우므로 여러 브랜드와 소통이 필요하다. 기회는 행동하는 사람에게 찾아온다.

Q3 유명 프랜차이즈 브랜드들의 월평균 매출액은 얼마일까?

본 책에서 소개하는 브랜드별 월평균 예상 매출액은 인터뷰, 정보 공개서, 상권 조사를 통해 파악한 내용으로, 실제 매출액과 차이가 있을 수 있다.

프랜차이즈 브랜드들의 월평균 매출액을 아는 것이 중요한 이유는 임차인이 감당할 수 있는 임차료 수준을 예측할 수 있기 때문이다. 일반적으로 이상적인 임차 조건은 매출액의 10% 수준이다. 서울시 중심 상권은 15%까지 비율을 올리기도 하는데, 높은 임차 조건을 높은 매출로 극복하는 경우다.

매출액 대비 임차 조건 비율을 10~15% 사이에서 계산하면 해당 브랜드가 지불 가능한 임차료를 가늠할 수 있다. 주의할 점은 평균 매출액이므로 정확한 수치를 알기는 불가능하다. 또한 상권과 입지에 따라 매출액 차이가 크기 때문에 무작정 대입하는 것은 금물이다. 어디까지나 참고 사항이다.

다음 표는 2021년 기준 유명 식음료 프랜차이브 브랜드들의 월평균 매출액이다.

브랜드명	월평균 매출액	면적
맥도날드	약 1억 8,000만 원	DT 토지 포함 약 400평
스타벅스	약 1억 2,000만 원	약 60평
KFC	약 9,000만 원	약 45평
도미노피자	약 6,900만 원	약 25평
파리바게뜨	약 5,500만 원	약 30평
베스킨라빈스	약 4,600만 원	약 20평
투썸플레이스	약 4,200만 원	약 50평
뚜레쥬르	약 3,900만 원	약 30평
맘스터치	약 3,600만 원	약 20평
에그드랍	약 3,200만 원	약 15평
공차	약 2,800만 원	약 18평

메가커피	약 2,700만 원	약 18평
빽다방	약 2,600만 원	약 15평
카페 파스쿠찌	약 2,600만 원	약 50평
던킨	약 2,500만 원	약 18평
탐앤탐스	약 2,400만 원	약 40평
컴포즈커피	약 2,300만 원	약 15평
본죽	약 2,100만 원	약 15평
이디야 커피	약 2,000만 원	약 25평

Q 4 맥도날드와 스타벅스는 왜 대로변에 출점할까?

맥도날드, 버거킹, KFC 같은 패스트푸드 매장들이 이면도로의 골목 안에 입점한 경우를 본 적 있는가? 스타벅스도 마찬가지다. 동일 상권에 여러 매장을 운영하는 경우는 볼 수 있어도 이면골목에 입점한 경우—임차 비용 이슈로 이면골목에 출점하는 경우도 있다.—는 드물다.

대형 프랜차이즈 브랜드 매장들은 왜 이면골목이 아닌 대로변 입지를 고집할까? 답은 간단하다. 대로변에 입점해야 더 많은 고객을 유입시킬 수 있기 때문이다. 업종의 특성과 브랜드의 종류에 따라 상권 범위가 달라진다. 반경 500미터 내 고객을 대상으로 영업할 수 있는 브랜드도 있지만 반경 2킬로미터 이상 거리에 있는 고객을 대상으로 영업해야 하는 브랜드도 있다. 따라서 매장을 유지할 수 있는 매출을 발생시키기 위해서는 목적이 뚜렷한 구매뿐만 아니라 충동구매도 일으킬 수 있도록 가시성을 극대화하고 고객의 접근성이 높은 곳에서 매장을 운영해야 한다. 이런 요소들을 만족시키는 곳이 대로변 입지다. 대형 프랜차이즈 브랜드 매장들은 잘 보이는 곳에 있어야 살아남을 수 있다. 정확히 말하면 가시성을 위해 대로변에 입점하는 것이 아니다. 브랜드를 홍보하기 위해 대로변을 고집하는 것도 아니다. 매장을 유지하기 위한 최소한의 고객을 유입시키기 위해 대로변 입지를 우선하는 것이다.

물론 대로변 입지는 이면골목 입지보다 높은 임차료를 지불해야 한다. 그럼에도 불구하고 가시성과 접근성을 최대한 살릴 수 있는 입지를 우선적으로 선정하는 이유는 한 지역에 출점 가능한 매장 수가 많지 않기 때문이다. 이디야 커피가 2021년 기준 3,400점 이상 출점할 수 있었던 것은 상대적으로 적은 배후세대만 있어도 매장을 유지할 수 있는 매출이 발생하기 때문이다. 5,000세대 정도면 이디야 커피에게는 충분한 배후세대일 수 있지만 맥도날드와 스타벅스에게는 결코 충분한 배후세대가 아니다.

대형 프랜차이즈 브랜드 매장들이 유지되기 위해서는 넓은 상권 범위가 필요하고 각 지역의 핵심 상권에 하나의 매장이 운영되는 게 일반적이다. 이는 곧 브랜드의 출점 가능 상권이 적다는 의미다. 임차 조건과 입지 경쟁력 등을 까다롭게 비교·평가해 선별된 입지에 매장을 오픈한다.

"맥도날드나 스타벅스는 대로변에 입점하더라"가 아니라 "대형 프랜차이즈 브랜드 매장은 왜 대로변에 입점할까?"라는 질문에 대한 답을 이해하면 상권을 분석하는 데 많은 실전 팁을 얻을 수 있다.

Q 5 임차 조건에 영향을 주는 특수한 상황은 무엇일까?

주변 입지 대비 높은 임차료를 내고 있는 상가가 있다면 해당 상가가 높은 임차료를 산정할 수 있었던 전후 관계를 파악해야 한다.

임차료에 차이가 발생하는 요인은 여러 가지다. 첫 번째는 상가 내 독점 업종 조항이 있는 경우다. 일반적으로 약국이 건물 내 독점 조항으로 인해 높은 금액으로 분양되는 경우가 많다. 같은 상가 내 다른 호수 대비 적게는 50%에서 많게는 2배 가량 높은 임차료를 내기도 한다. 독점 조항이 있는 상가는 임차인들도 어느 정도의 권리금을 인정한다. 독점 조항이 있음으로써 과도한 경쟁이 발생하지 않고 영업권을 일부 보전할 수 있기 때문이다.

두 번째는 구축 상가와 신축 상가의 차이다. 일반적으로 신축 상가의 임차 조건은 구축 상가보다 높은 편이다. 건물 공사 시 투자한 비용을 회수하기 위해서는 분양가를 적절하게 올려야 하고 그에 따라 임차 조건이 상승하는 것이다. 또한 구축 상가는 임대인이 오랜 기간 임차 조건을 조정하지 않는 경우가 있어 이로 인한 차이가 만들어지기도 한다. 그래서 상권이 활성화된 도심지의 구축 상가 중 생각보다 임차 조건은 저렴하지만 권리금이 상상 이상으로 높은 경우가 있다.

세 번째는 권리금이 없는 신축 상가의 임차 조건이다. 신축 상가는 임차인들이 선호하는 상가다. 깔끔한 시설은 당연하고 신축 상가는 적게는 1,000만 원에서 많게는 1억 원에 이르는 권리금을 지불하지 않고 자리를 잡을 수 있다. 상권이 활성화된 지역에 신축 상가가 생기면 이런 무권리 프리미엄으로 인해 임차 조건이 인근 상가 대비 말도 안 되게 높은 경우가 있다.

⑥ 6 공인중개사와 대화할 때 필요한 소통의 기술이 있을까?

지도를 통해 사전 조사를 한 뒤 현장에서는 무엇을 확인해야 하는지 앞서 살펴봤다. 그리고 이에 못지않게 유용한 방법이 인터뷰를 통한 상권분석이다. 현장에서 사람들에게 얻는 정보에서 투자 인사이트를 얻을 수 있다. 공인중개사와 소통할 때 유용한 방법 3가지를 알아보자.

첫 번째, 임장을 가면 최소 5곳 이상의 부동산 중개 사무소를 방문해 중개사와 소통하기를 추천한다. 해당 지역의 중개사라도 상권 내 모든 정보를 알지 못하며 상업용 부동산의 특성상 중개사들끼리 정보를 공유하지 않는 경우도 많기 때문이다. 되도록 많은 중개사와 대화하면서 물건지를 비교해야 한다.

두 번째, 중개사에게 실제로 계약할 사람처럼 보여야 한다. 어떤 물건을 찾는지 구체적으로 말하지 않고 그냥 "좋은 상가 찾고 있어요", "투자 물건 찾고 있어요" 같은 식으로 대화하면 제대로 된 안내를 받을 수 없다. 정보만 얻으러 왔다는 인식을 주면 중개사는 매물에 대한 핵심 정보는 쏙 빼놓거나 아예 말하지 않기도 한다. 상업용 부동산은 주거용 부동산보다 정보의 비대칭성과 폐쇄성이 크다는 점을 염두에 두자.

마지막으로, 중개사에게 물건지를 안내받으면 명확하게 피드백하는 습관을 길러야 한다. 급매물이나 좋은 상가를 찾기 위해서는 시간을 들여 중개사와 관계를 만들어나가야 한다. 중개사가 지금 당장 적당한 물건을 가지고 있지 않다고 향후에도 좋은 물건이 없는 것은 아니다. 중개사에게 명확하게 피드백하면 그들은 기꺼이 당신의 파트너가 돼줄 것이다. 절대로 한번에 모든 것을 해결하려 하지 말자.

Q 7 공실은 왜 발생할까?

생활동선에서 벗어난 상가

동선에서 벗어난 곳으로는 발걸음이 쉽게 옮겨지지 않는다. 사람이 거꾸로 걷지 않는 것처럼 생활동선에서 벗어난 곳을 방문하기는 불편한 일일 수 있다. 따라서 지역 내 배후세대가 어떤 생활 형태를 보이는지 파악해야 한다. 유동인구가 많은 곳을 찾는 게 아니라 최소한의 생활동선이 형성돼 있는지 없는지의 차이에 집중해야 한다. 유동인구가 많은 곳을 기준으로 투자처를 찾으면 필요로 하는 투자금이 상승해 투자를 시작조차 하지 못할 가능성이 높다. 누가 봐도 좋은 상가는 가격 면에서 접근이 힘들다. 임차인도 마찬가지다.

가시성이 떨어지는 상가

상가의 외적인 부분도 상당히 중요하다. 일반적으로 고객은 목적을 가지고 가게에 방문하지만 목적 없이 눈에 보이는 가게를 방문해 소비하기도 한다. 옆 건물과의 이격이 커 옆 건물보다 적게는 2미터에서 많게는 5미터가량 들어가야 보이는 상가는 임차인을 찾기 어려울 수 있다. 간판을 달아도 옆 건물에 가려지고 전면의 배너 홍보물도 이격으로 인해 제대로 설치하기 힘들다.

또한 외부에 노출되지 않는 내부 상가는 공실 가능성이 아주 높다. 내부 상가임에도 영업이 된다는 것은 많은 배후세대를 가지고 있거나 판매하는 품목의 목적성이 강해야 가능하다. 따라서 내부 상가가 활성화될 수 있는 상권은 드물고 보이지 않는 구조에서 영업할 수 있는 업종은 상대적으로 적을 수밖에 없다. 이는 곧 예비 임차인의 절대적인 수가 적다는 의미다.

배후세대 대비 과도하게 공급된 상가

모든 것은 수요와 공급의 논리로 설명된다. 배후세대가 아무리 많아도 상가 공급 역시 너무 많으면 공실을 피하기 힘들다. 공실률이 올라가면 상권이 활성화되지 못해 임차인의 수익이 발생하기 어려워지고 시간이 지나면서 임차인의 최소 수익을 맞추기 위해 임차 조건이 하락한다. 결국 임대인 입장에서는 '공실 → 상권 비활성화 → 임차인의 매출 감소 → 임차인의 폐점 또는 이전 → 임대료 인하' 현상이 반복된다.

고분양가로 인한 과도한 임차 조건

상권과 입지가 좋다고 해서 공실이 발생하지 않는 것이 아니다. 결국 장사를 하는 임차인의 수익이 발생할 수 있는 조건이어야 한다. 보기 좋은 떡이 항상 맛있는 것은 아니다.

배후세대 입주 시기와 상가 준공 시기의 차이

배후세대가 없는 상태에서 준공되는 상가는 장기간 공실로 남을 가능성이 높다. 아파트나 오피스 건물이 준공되더라도 상권이 활성화되기까지 상당한 시간이 소요된다. 일부 상가들은 상권 선점 목적의 프랜차이즈 브랜드들과 계약될 수 있지만 2층 이상의 상가들은 임차인을 찾기가 만만치 않다.

신규 택지개발지구의 상가 투자를 조심하라는 이유도 배후세대 입주 시기와 상가 준공 시기에 차이가 있기 때문이다. 신규 택지개발지구의 경우 상권이 제대로 활성화되기까지 5년 이상의 시간이 걸리기도 한다. 분양 사무소의 "미리 선점하세요"라는 말의 무서움을 알고 투자 여부를 결정해야 한다.

Q 8 상권 분류에 따른 상권분석의 포인트는 무엇일까?

주거상권

- 배후세대가 얼마인지를 기준으로 지역별로 비교·평가할 수 있다.
- 주요 시설물과 대중교통의 흐름에 따라 사람들의 생활동선이 만

들어진다. 물건지의 위치가 사람들의 생활동선상에 있는지 아니면 벗어나있는지 확인해야 한다.

오피스상권

- 주중과 주말 영업의 차이 : 주 5일 상권인지, 주 7일 상권인지 확인해야 한다.
- 직장인들의 활동 범위가 다른 상권보다 좁다는 특징을 이해해야 한다. 소비가 주로 발생하는 시간대는 퇴근 시간대보다 출근 시간대와 점심 시간대이므로 회사와 가까운 장소에서 대부분의 소비가 발생한다.

대학가상권

- 재학생과 교직원(내부 수요), 인근 배후세대(외부 수요)의 영향도를 판단해야 한다.
- 학기 중과 방학 기간의 상권 활성화도 차이를 고려해야 한다. 지방에 위치한 대학교의 경우 여름과 겨울 방학 기간에는 소비하는 고객이 사라지기 때문에 주의가 필요하다.
- 대학교 인근에 광역상권이 위치해 학생들의 이동 소비가 이뤄지지 않는지 확인해야 한다.

유흥상권

- 대중교통 접근성을 기준으로 A급 입지와 C급 입지가 나뉜다. 불경

기에는 C급 입지부터 공실이 발생하므로 주요 상권에서 벗어난 동선에 투자한다면 가성비 투자를 해야 한다.

- 대로변과 이면골목에 입점할 수 있는 브랜드가 각각 무엇인지 알아두면 임차인 관리에 도움이 된다.

로드사이드상권

- 매출이 잘 나오는 상가는 차량 통행량이 많은 곳이 아니라 주거지역과 공업지역 같은 배후세대를 가진 시설이 있느냐 없느냐가 중요하다.
- 전방 최소 200미터 이상에서 건물의 가시성이 확보돼야 하며 동시에 차량 접근성도 기본적으로 갖춰야 한다(진·출입로, 주차장 확보 등).
- 물건의 입지에 영향을 주는 요소 : 유턴 가능 여부 → 상권 범위의 확장이 가능하다(일반 상권에서 횡단보도 같은 역할).
- 차량 유속을 느리게 하는 요소 : 오르막길과 내리막길의 차이 → 내리막길에서는 차량의 속도가 빨라져 상가 접근을 힘들게 만든다. 반면 상가 전면부에 신호등이나 과속 단속 카메라가 있으면 차량의 속도가 자연스럽게 줄어둘어 상가 접근성이 올라간다.

부록

상권분석 전문가가 알려주는
서울·경기 지역 추천 상권
TOP 100

	지역	특징
1	강남대로	• 명실상부한 대한민국 최고의 상권
2	건대입구역	• 유흥·쇼핑·대학가 상권의 특징을 고루 갖춘 S급 상권 • 꾸준히 성장하는 상권으로, 이면골목을 따라 상권이 커지고 있음
3	경희대	• 회기역, 경희대, 경희대병원의 복합상권 • 최근 5년간 신축 오피스텔이 많아지며 저렴한 주거 공간을 찾는 직장인구 유입이 많아짐
4	교대역	• 대법원, 서울중앙지방검찰청, 서울중앙지방법원이 위치해 이와 연관된 직장인구가 많은 상권 • 서울교대의 대학가상권과 연결돼 교대역을 중심으로 어느 한 곳도 빠지지 않고 활성화됨 • 근래 세광양대창(교대본점) 인근 골목이 유흥상권으로 가장 활성화됨
5	공덕역	• 주거시설 및 오피스 밀집 지역이며 지하철 5호선, 6호선, 경의중앙선, 공항철도가 만나는 쿼드 역세권 • 대단지 아파트 배후세대와 더불어 직장인구도 많아 높은 임차 조건이 형성됨 • 마포역과 거리가 가까워 하나의 상권으로 볼 수 있음

6	광명철산	• 광명시 최대 상권으로, 유흥상권뿐만 아니라 인근 배후세대의 편의시설과 학원가가 위치한 복합상권 • 인근의 재개발로 인해 노후 주택이 아파트 단지로 변화됨
7	광장동 학원가	• 대단지 아파트와 학원가가 함께 형성된 지역으로, 대로변을 중심으로 상권이 형성됨 • 입점된 대부분의 프랜차이즈 브랜드 매장들 매출이 우수함
8	광주태전	• 태전지구의 대단지 아파트 배후세대를 대상으로 영업이 가능한 상권 • 기존에 상권이 형성된 골목뿐만 아니라 택지지구 내 상업지역에 위치한 프랜차이즈 브랜드들도 우수한 매출을 보임
9	광주터미널	• 광주시는 30만이 거주하는 도시로, 기존 상권의 경우 터미널 인근에 편의시설이 집중됨
10	광화문	• 서울의 대표적인 오피스상권으로, 청계광장과 세종문화회관 등으로 유입되는 주말 유동인구도 많음
11	구로디지털 단지역	• 지식산업센터가 밀집된 중소형 오피스상권이지만 주말 영업이 제한적인 주 5일 상권이므로 적절한 투자 전략이 필요함

12	구리역	• 롯데백화점(구리점)과 구리역을 이용하는 유동인구가 많고 대로변을 중심으로 패션과 잡화 업종이 밀집됨 • 인창동에 대단지 아파트가 위치해 안정적인 투자가 가능함
13	길음뉴타운	• 길음뉴타운 대단지 배후세대를 가진 상권 • 상가 공급이 적은 지역으로, 가게의 손 바뀜이 잘 발생하지 않음
14	김포구래	• 김포한강신도시의 가장 안쪽에 위치한 택지개발지구로, 구래역을 중심으로 상권이 활성화됨 • 소비력 있는 아파트 배후세대가 많아 프랜차이즈 브랜드들의 매출액이 우수하게 나오는 지역
15	김포장기	• 구래동과 장기동의 주거 밀집 지역을 연결하는 도로로 다수의 차량이 이동하는 지역 • 장기역 인근으로 편의시설이 밀집됨
16	남양주진접	• 넓은 지역에 고르게 아파트가 분포한 지역으로, 차량을 이용한 접근이 용이한 상가의 투자 가치가 높음 • 오남읍에서 유동인구가 유입되고 있으며 주요 시설물로는 하나로마트(진접농협연평점), 이마트(진접점), 진접역이 있음
17	노원역	• 롯데백화점(노원점) 동쪽 라인에 위치한 노원문화의거리 유흥상권과 노원구청 인근 오피스·유흥(모텔촌) 상권의 복합상권 • 2가지 특징을 가진 두 상권의 방문객은 연령대에 큰 차이를 보임

18	답십리역	• 성동구와 동대문구의 경계 지역으로, 상권 인지도는 아직 낮으나 답십리역을 중심으로 신축 오피스텔이 생기고 대단지 아파트 입주로 안정적인 상가 운영이 가능한 우량 상권
19	당산역	• 당산역 상권은 인근의 오피스와 주거 배후세대의 유입뿐만 아니라 선유도 일대의 배후세대 유입도 가능함 • 지하철 2호선과 9호선 환승과 광역버스를 통해 서울과 경기도 파주, 고양, 김포, 부천을 연결하는 대중교통의 요충지
20	대치동 학원가	• 대한민국 최고의 학군을 가진 지역으로, 학원가 특색에 맞는 생활 밀착형 업종들이 다수 분포함
21	동탄북광장	• 동탄1신도시 내 기존 상권으로, 남광장보다 활성화됨 • 동탄2신도시 상업지역이 개발되면서 상권 내 영향력이 이전보다는 낮아졌지만 탄탄한 배후세대를 가지고 있는 우량 상권
22	동탄 호수공원	• 동탄2신도시의 남부 지역으로, 호수공원 인근에 상업지역이 형성됨 • 동탄호수공원 주변으로 상업시설 개발이 진행 중임
23	마곡나루역	• 마곡엠밸리 대단지 아파트 주거상권과 마곡의 오피스상권이 복합적으로 형성됨 • 현재 상권 활성화가 잘 이뤄진 상태이나 앞으로의 변화가 더 기대됨

24	망우역	• 망우역 인근으로 코스트코코리아(상봉점), 홈플러스(상봉점), CGV(상봉)가 위치해 중랑구에서 가장 활성화된 상권 • 상봉터미널 부지에 49층 규모의 복합주거시설이 들어설 예정으로, 향후 상권에 큰 변화가 예상됨
25	목동 학원가	• 목동신시가지 1, 2, 3, 4, 5, 6 단지를 인근에 둔 상권으로, 소비력 있는 배후세대와 서울에서 손꼽히는 학원가가 형성된 지역 • 생활 밀착형 업종이 다수 밀집됨
26	미금역	• 지하철 신분당선, 수인분당선 더블 역세권으로, 역 인근에 상업시설이 밀집됨 • 대단지 아파트 배후세대를 가지고 있으며 분당서울대병원으로 이동하기 위해 거치는 상권
27	미사역	• 미사역 주변으로 형성된 아파트와 오피스 상업시설의 복합 상권 • 대단지 아파트, 지식산업센터, 오피스가 공존하는 상권
28	미아 사거리역	• 롯데백화점(미아점)을 중심으로 상권이 형성돼있으며 최근 재개발 이슈로 어수선한 분위기 • 주요 상권의 크기는 협소하나 영향력은 변함 없음
29	반포동 고속버스 터미널	• 지하철 3호선, 9호선, 7호선 트리플 역세권에 호남선과 경부선 열차 이용객으로 인해 아침부터 저녁까지 많은 사람들이 방문하는 지역 • 주요 시설물로는 센트럴시티, 엔터식스(강남점), 카톨릭대 서울성모병원이 있음

30	발산역	• 과거 대단지 아파트 주거상권이 형성됐던 지역이었으나 마곡산업단지 내 기업 입주 진행률이 올라감에 따라 발산역을 중심으로 강서구 최대의 유흥·오피스 상권이 형성됨 • 현재는 마곡역을 중심으로 상권 활성화가 이뤄지고 있으며 과거 공실이 많던 마곡 상권의 모습은 사라짐
31	배곧신도시	• 신규 택지개발지구로, 시흥시에서 가장 활성화된 상권 • 서울대 시흥캠퍼스, 시흥배곧서울대병원이 들어오는 호재가 있음 • 인근의 기존 상권 수요를 배곧신도시가 흡수하고 있음
32	백마 학원가	• 150여 개 학원이 밀집된 학원가상권 • 마두역과 백마역 인근의 주거 배후세대가 있어 안정적인 투자가 가능함
33	별내신도시	• 대단지 아파트 밀집 지역과 별내역 사이에 상업지역이 위치하며 지금도 개발이 진행 중임 • 수도권제1순환고속도로와 구리포천고속도로와의 접근성이 좋아 송산로를 따라 지식산업센터들이 생겨나고 있음
34	부천시청역	• 부천시청을 중심으로 현대백화점(중동점)과 이마트(중동점) 등 대형 집객시설이 많음 • 1기 신도시로서 대규모 아파트 단지 밀집 지역
35	부평역	• 인천시 내 승하차 인구가 가장 많은 역세상권 • 지하상가가 발달했으며 인천에서 구월동 다음 가는 유흥상권을 가지고 있음

36	사당역	• 서울과 경기 남부 지역을 잇는 교통의 요충지로, 출퇴근 시간대 직장인구 유동량이 높은 상권 • 사당역 13, 14번 출구가 가장 활성화된 상권이나 버스정류장과 가까운 5번 출구 이면골목에도 먹자골목이 형성됨
37	산본역	• 신도시 아파트 주거단지 내 근린생활시설이 있는 상업지역을 중심으로 모든 소비가 가능함
38	삼성역	• 코엑스를 중심으로 쇼핑·오피스 상권의 복합상권이 형성됨
39	쌍문역	• 쌍문역을 이용하는 유동인구가 많으며 기존에 대로변을 중심으로 형성된 상권에서 쌍리단길이라는 골목상권이 형성됨 • 유동인구의 연령층이 높다고 생각할 수 있으나 실제로는 전체 연령의 배후세대가 고르게 많은 지역
40	서여의도	• 국회의사당과 KBS를 중심으로 형성된 오피스상권으로, 주말과 평일 야간의 상권 활성화도는 낮은 지역
41	서울대 입구역	• 교차로 인근의 오피스 배후세대와 샤로수길을 찾아오는 2030 방문객으로 인한 유흥상권이 형성된 지역 • 서울대 학생 이외에 강남, 구로디지털단지, 가산디지털단지 등지에 직장이 있는 1인 가구가 많음

42	서정리역	• 다세대주택, 연립주택 밀집 지역으로, 평택역 상권과 별도 영향을 받지 않으며 학생층과 거주민이 활동하는 상권 • 주변 고덕국제신도시와 산업단지(삼성전자)를 배후세대로 둠
43	서현역	• 젊은층의 쇼핑과 유흥 시설 이용지로, 초역세 상권 • 판매시설과 브랜드 F&B가 분포함
44	선릉역	• 성인 대상 유흥시설이 밀집한 상권이었으나 현재는 그 규모가 축소되고 인근 거주민을 대상으로 영업하는 매장이 들어섬 • 이면골목이라도 높은 임차 조건을 가지고 있음
45	성수역	• 성수역과 뚝섬역 인근으로 지식산업센터가 밀집됨
46	성신여대	• 돈암동 아파트 배후세대와 성신여대 대학가를 중심으로 쇼핑·유흥 상권이 형성된 강북에서 손꼽히는 우량 상권
47	송내역	• 북부광장 방향으로 주거 밀집 지역이 위치해 해당 상권이 발달했으며 대로변을 중심으로 오피스텔과 쇼핑시설이 위치함

48	수원시청 (인계동)	• 수원시청을 기반으로 발달된 중심 상업지역 • 직장인구와 쇼핑시설 등의 유흥시설을 이용하는 젊은층이 대다수임
49	수원역	• 수원시 내 승하차 인구가 가장 많은 수원역의 영향력을 받는 지역 • 역사와 쇼핑시설(AK 플라자 수원점) 복합단지로, 다양한 연령층이 소비하는 상권
50	수원영통	• 영통 택지개발지구 내 상업시설 상권을 중심으로 발달함 • 경희대 재학생과 삼성전자의 직장인구가 유입되는 지역
51	수원정자	• 대단지 아파트 중앙에 위치한 상권으로, 수원시에서 가장 많은 학원이 위치함(90여 개 학원이 밀집됨) • 인근의 천천동 상업지역도 안정적인 투자가 가능함
52	수유	• 강북권 최대 유흥상권으로, 강북구청 인근 이면골목을 중심으로 먹자골목이 형성됨 • 대로변에는 의류와 잡화 업종이 주를 이루고 있음
53	수지구청역	• 아파트 배후세대를 둔 수지구청역 역세권 상업지역의 유동인구가 많음 • 전체적인 상권이 고르게 활성화됨

54	숭실대	• 숭실대 후문 앞의 대학가 중심 상권과 숭실대입구역의 역세·주거 상권으로 구분됨 • 동작구에서 손꼽히는 대단지 아파트 밀집 지역
55	시흥사거리	• 주거 중심 상권으로, 인구밀도가 높음 • 신안산선이 개통하면 시흥사거리 방향으로 생활동선이 강하게 형성될 것으로 보임
56	신논현역	• 지하철 9호선 개통으로 강남대로의 유흥상권이 신논현역 상권까지 활성화됨 • 인근 오피스상권과 이면골목의 유흥상권이 결합된 복합상권
57	신림역	• 신림역 3, 4번 출구 배후가 가장 활성화된 지역으로, 롯데시네마(신림)와 영풍문고(신림 포도몰점)가 위치한 타임스트림도 코로나19 이전에는 2030 방문이 많았던 입지
58	신사역	• 프랜차이즈 브랜드들의 우선 입점 고려 상권 • 규모 면에서는 강남대로보다 작지만 이면골목에 2030이 선호하는 특색 있는 가게들이 밀집됨
59	신촌	• 홍대 상권의 성장으로 예전의 명성은 잃었지만 여전히 대학가·유흥 상권의 복합상권으로서 안정적인 상가 운영이 가능함 • 투자 시 이면골목 내부는 유의가 필요함

60	안산선부	• 대규모 아파트 단지가 밀집된 상업지역으로, 배후세대의 소비력이 좋은 상권 • 주거 배후지를 바라보는 대로변의 경우 높은 임차 조건과 권리금이 형성됨
61	안양범계	• 안양시 최고의 번화가로, 로데오거리·롯데백화점(평촌점)·NC백화점(평촌점) 등 집객시설이 많음
62	안양평촌	• 서울 강남권에서 평촌 지역으로 진입하는 주요 동선상에 위치함 • 배후에 복합단지(오피스 ,주거, 상업 등)가 개발돼 iT 관련 종사자와 아파트 거주민이 유입됨
63	압구정역	• 생활 수준이 우리나라 상위 3% 안에 드는 지역으로, 소비력이 높은 상권 • 브랜드 플래그십 스토어의 최우선 입점 희망 지역
64	양주옥정	• 옥정신도시 아파트 밀집 지역을 중심으로 상업지역이 형성됨 • 최근 3년간 2만 세대 이상의 배후세대가 유입돼 앞으로의 발전이 기대되는 지역
65	역삼역	• 역삼역 교차로를 중심으로 형성된 오피스상권으로, GS타워·강남파이낸스센터 인근 상권이 가장 활성화됨 • 높은 임차 조건으로 인해 이면골목 안쪽에도 다양한 가게들이 자리잡음

66	연신내역	• 은평구 최대 상권으로, 2030 젊은층 유동이 많음
67	염창역	• 강서구와 양천구 경계에 있는 주거상권 • 지하철 9호선 급행열차 정차역으로, 인근의 9호선 상권보다 많은 유동인구를 가지고 있음
68	영종 하늘도시	• 영종도에 위치한 대규모 택지지역으로, 항아리 상권 성격을 가지고 있어 프랜차이즈 브랜드들의 매출이 준수함
69	오목교	• 오목교역, 현대백화점(목동점), SBS, CBS의 오피스상권이 결합된 양천구 최고의 상권 • 가게의 손 바뀜이 드물게 일어나는 지역으로, 이면골목에도 높은 권리금이 형성됨
70	오산시청	• 오산IC 인근의 오산시청과 오산역 주변으로 발달된 상권 • 오산역 상권과 더불어 먹자골목이 잘 형성됨
71	왕십리역	• 민자 역사와 복합몰 등이 위치한 대규모 상권 • 한양대와 상왕십리역 상권 배후세대까지 유입이 가능함

72	외대	• 이문휘경뉴타운(휘경3구역) 개발로 기존 구도심의 배후세대가 없는 상황이지만 외대앞역과 한국외대를 이어주는 대로변을 중심으로 안정적인 상가 운영이 가능함 • 앞으로의 지역 변화를 통해 경희대 상권 이상의 상권으로 거듭날 가능성이 있음
73	은평뉴타운	• 구파발사거리 인근 롯데몰(은평점) 주변으로 상권 내 주요 동선이 형성됨 • 북쪽에 위치한 지축지구로 상권 확장이 가능함
74	응암역	• 응암역과 응암오거리 사이로 편의시설이 집중돼있으며 가장 활성화된 상권은 이마트(은평점) 인근임 • 신사동고개삼거리 인근은 배후세대를 대상으로 운영 중인 근린생활시설들이 밀집됨
75	의왕내손	• 배후세대 대비 상가 수가 적은 지역으로, 투자 가치가 높음 • 평촌역과 내손동 사이 멀지 않은 곳에 오피스 밀집 지역이 있으나 내손 지역 상권과 연관성은 없음
76	의정부역	• 의정부역을 기준으로 서부와 동부로 나위며 로데오상권도 코로나19 이후 회복세를 보임 • 의정부역을 이용하는 유동인구가 많으며 주요 시설물로는 신세계백화점(의정부점)이 있음
77	이수역	• (구)태평백화점 이면골목으로 주점과 식당이 밀집한 유흥상권이 형성됨 • 2019년 서리풀터널이 개통됨에 따라 이수역사거리에 신축 건물들이 들어섬 • 향후 대로변 라인을 중심으로 상권 변화에 주목할 필요가 있음

78	이태원	• 해밀톤 호텔을 중심으로 주요 상권이 형성돼있으나 주한 미 8군의 이전과 코로나19 영향으로 상당한 상권 침체가 발생한 상태 • 이태원역을 통한 접근성이 좋은 지역이기에 상권 활성화 기대치가 높은 지역
79	인천구월	• 인천시 최대 유흥·쇼핑 상권 • 쇼핑시설들을 찾는 쇼핑 고객이 풍부한 지역 • 주변 아파트 배후세대의 소득 수준이 높아 소비력이 좋음
80	잠실새내역	• 대단지 아파트가 인접해 고정 배후세대가 풍부하고 잠실종합운동장의 운영 상황에 따라 매출 활성화가 가능함
81	정자역	• 대기업, IT기업, 벤처기업들이 입주한 주상복합시설이 밀집됨 • 소득 수준이 높은 주상복합 아파트 단지와 카페 거리가 형성됨
82	중계동 학원가	• 신축 및 상가의 이동이 많지 않은 지역으로, 학원사거리 인근 면적이 나오는 상가를 중심으로 집중적인 물건 관리가 필요함
83	중앙역	• 역세권 중심의 전형적인 상업·유흥 상권으로, 10~30대 젊은층 위주의 시설이 자리잡음 • 주요 시설물로는 롯데백화점(안산점)과 롯데시네마(안산) 등이 있음

84	창동역	<ul><li>지하철 1호선과 4호선 더블 역세권</li><li>서울아레나 복합문화시설과 창동·상계 창업 및 문화산업단지 조성으로 큰 변화가 있는 지역</li><li>공사가 중단됐던 민자 역사를 롯데건설에서 수주하는 등 개발 호재가 많음</li></ul>
85	천호역	<ul><li>강동구 최대의 유흥상권으로, 천호동 로데오거리 상권을 중심으로 유흥상권이 발달함</li><li>지하철 5호선과 8호선 더블 역세권</li><li>배후지의 재개발로 향후 안정적인 상권 변화 요소를 가지고 있음</li></ul>
86	청라신도시	<ul><li>인천시의 계획도시로, 상업·주거·오피스 복합 개발지</li><li>지속적으로 개발되고 있으며 청라시티타워가 완성되면 청라신도시 서부 지역 활성화도 기대됨</li></ul>
87	타임스퀘어 (영등포역)	<ul><li>타임스퀘어와 롯데백화점(영등포점)을 중심으로 형성된 쇼핑상권에 영등포 이면골목의 유흥상권이 결합된 지역</li></ul>
88	파주야당	<ul><li>운정신도시에서 가장 활성화된 상권으로, 인근 지역의 유흥상권으로서의 역할을 함</li><li>야당역을 이용하는 유동인구가 풍부함</li></ul>
89	판교역	<ul><li>대규모 오피스와 상업시설이 밀집된 상권</li></ul>

부록 상권분석 전문가가 알려주는 서울·경기 지역 추천 상권 TOP 100

90	평내호평역	• 평내 지역까지 상권이 확장될 수 있는 지역 • 평내호평역 인근 상업지역을 중심으로 편의시설이 집중됨
91	평촌동 학원가	• 경기권 최대 학원가로, 대로변을 중심으로 학원과 F&B가 밀집됨 • 기존 상권의 임차료는 낮으나 권리금이 높게 형성됨
92	평택지제	• 지제역 동쪽으로 신축 아파트 준공이 이어져 상권의 큰 변화가 예상됨
93	하안사거리	• 광명철산과 같은 시기에 형성된 택지개발지구로, 하안사거리를 중심으로 편의시설이 밀집됨 • 주요 시설물로는 NC백화점(광명점) 등이 있음
94	합정역	• 합정역 메세나폴리스를 중심으로 형성된 오피스상권과 상수동, 망원동 방향으로 먹자골목이 있는 2가지 특징을 가진 지역
95	혜화역	• 혜화역을 중심으로 많은 공연장이 위치해있으며 4번 출구에서 성균관대로 향하는 생활동선상에 패션, 잡화, 먹자골목이 형성됨 • 주요 시설물로는 서울대병원, 성균관대, 가톨릭대가 있으며 인근에 중·고등학교가 많아 교복 입은 학생들을 많이 볼 수 있음

96	홍대입구역	· 상권의 지속적인 성장으로 신촌과 이대 등의 고객층을 흡수하는 상권 · 높은 임차 조건으로 인해 망원동, 합정동, 상수동, 동교동, 연남동으로 상권이 확장됨
97	홍제역	· 홍제역 인근의 주거 밀집 지역을 중심으로 상권이 형성됨 · 홍은동에 거주하는 배후세대도 주요 고객층으로 유입 가능한 지역
98	화곡역	· 인천과 부천으로 가는 버스가 많아 화곡역에서 환승하는 이용객을 통한 유흥상권이 형성됨 · 인근 빌라와 다세대주택 거주민으로 인한 풍부한 배후세대를 가지고 있음
99	회룡역	· 아파트 단지의 주거와 역세 상권으로, 회룡역 3번 출구 이면골목이 가장 활성화됨 · 평화로를 따라 생활 밀착형 업종들이 밀집됨
100	후곡 학원가	· 경기도에서 평촌동 학원가 다음 가는 학원가상권으로, 200여 개 학원이 밀집됨

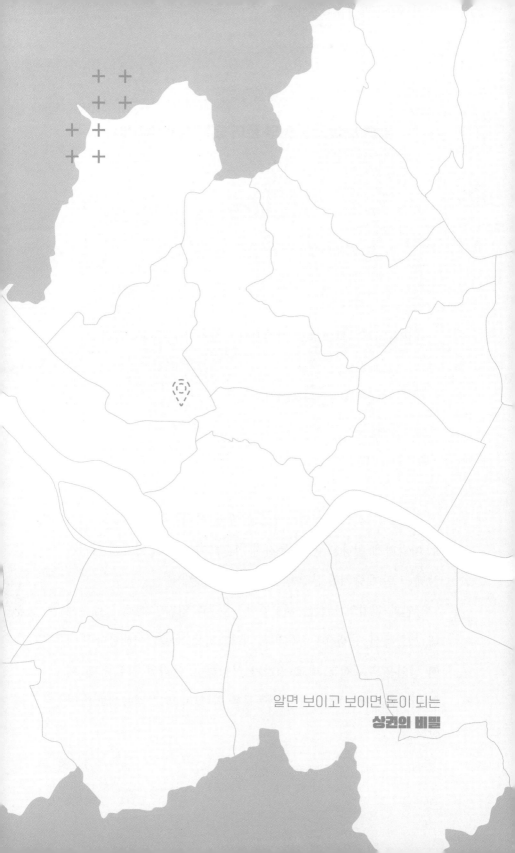

알면 보이고 보이면 돈이 되는
상권의 비밀

알면 보이고 보이면 돈이 되는 상권의 비밀

시장에는 투자자의 눈을 현혹시키는 요소가 너무나도 많다.

- 유명 프랜차이즈 브랜드의 입점
- 상가 앞에 위치한 버스정류장이나 지하철역 출입구
- 지인이나 부동산 중개 사무소에서 들은 이야기

눈으로 본 것을 사실이라 믿으면 우리 몸의 다른 기관들도 저절로 따라가게 된다고 한다. 투자자라면 보이는 것의 함정에 빠지지 않고 그 안에 숨겨진 본질을 볼 줄 알아야 한다.

상권과 입지의 본질은 무엇일까? 상권과 입지의 본질은 배후세대, 생활동선, 경쟁강도 3가지다. 이 3가지를 제대로 이해한다면 어떤 상업용 부동산도 비교·평가가 가능하다. 온라인 임장을 한 뒤 현장에 나가서도 내가 말한 기준들을 꼭 잊지 말고 적용해보길 바란다.

자세히 바라보면 다름이 보인다. 상권분석도 마찬가지다. 사소한 것이라도 자세히 관찰해야 한다. 마치 여행지에 온 것처럼 현장을 살펴봤으면 좋겠다.

임대인 입장이든 임차인 입장이든 상권의 본질은 다르지 않다. 상가는 결국 돈을 벌 수 있는 장소이어야 한다. 본 책을 접한 모든 분들이 상권의 본질을 이해하는 현명한 투자자가 되길 기원한다.

최대한 많은 현장 이야기를 들려드리려 했으나 원고를 쓰는 동안 전달하고 싶은 더 많은 이야기들이 떠올랐다. 본 책에서 못다 한 상권에 대한 이야기들은 내가 공동대표로 참여하고 있는 창업 플랫폼 '창업은뷰티풀'과 '카카오브런치'를 통해 전달하겠다.

알면 보이고 보이면 돈이 되는
상권의 비밀

초판 1쇄 발행   2022년 7월 5일
초판 2쇄 발행   2024년 1월 8일

지은이   이홍규
펴낸이   이종두
펴낸곳   ㈜새로운 제안

기획·편집   장아름
디자인   이지선
영업   문성빈, 김남권, 조용훈
경영지원   이정민, 김효선

주소   경기도 부천시 조마루로385번길 122 삼보테크노타워 2002호
홈페이지   www.jean.co.kr
쇼핑몰   www.baek2.kr(백두도서쇼핑몰)
SNS   인스타그램(@newjeanbook), 페이스북(@srwjean)
이메일   newjeanbook@naver.com
전화   032) 719-8041
팩스   032) 719-8042
등록   2005년 12월 22일 제2020-000041호
ISBN   978-89-5533-633-7(03320)